《奋进者说职场》新书发行全国百场答谢内训 第1场
上海马可波罗管理团队《个人品牌八项修炼》 2021年02月22日

新书发行全国百场答谢内训

英途集团经理人《"七剑"人才管理》专题内训

贵阳恒信实业《卓越团队再造》
正向 再造卓越团队 感恩、务实、进取

第5期 职场精进特训营·《打造职业化团队》

主讲导师:乔恩远

2020
上海健康医学院

奋进者

唯有奋斗，才能给你想要的幸福

乔思远◎著

中华工商联合出版社

图书在版编目（CIP）数据

奋进者：唯有奋斗，才能给你想要的幸福 / 乔思远著. —北京：中华工商联合出版社，2021.5
ISBN 978-7-5158-3014-8

Ⅰ. ①奋… Ⅱ. ①乔… Ⅲ. ①企业家－访问记－中国－现代 Ⅳ. ① K825.38

中国版本图书馆 CIP 数据核字（2021）第 064812 号

奋进者：唯有奋斗，才能给你想要的幸福

作　　者： 乔思远
出 品 人： 李　梁
图书策划： 陈龙海
责任编辑： 胡小英　马维佳
装帧设计： 王玉美
责任审读： 李　征
责任印制： 迈致红
出版发行： 中华工商联合出版社有限责任公司
印　　刷： 三河市九洲财鑫印刷有限公司
版　　次： 2021 年 6 月第 1 版
印　　次： 2021 年 6 月第 1 次印刷
开　　本： 710mm × 1020mm　1/16
字　　数： 165 千字
印　　张： 14
书　　号： ISBN 978-7-5158-3014-8
定　　价： 59.80 元

服务热线： 010 — 58301130 —0（前台）
销售热线： 010 — 58302977（网店部）
010—58302166（门店部）
010—58302837（馆配部、新媒体部）
010—58302813（团购部）
地址邮编： 北京市西城区西环广场 A 座
19— 20 层，100044
http://www.chgslcbs.cn
投稿热线： 010 — 58302907（总编部）
投稿邮箱： 1621239583@qq.com

世界上没有坐享其成的好事，要幸福就要奋斗。

一个时代有一个时代的奋斗使命。每一个新时代的幸福都是奋斗出来的。

奋斗是社会前行的力量，是经济腾飞的脉搏，更是不可阻挡的时代洪流。我坚信：奋斗，是一种选择。成为一名奋斗者，并不需要什么特殊的天分，只是凡事需全力以赴。

唯有奋斗，方能成功。

在思远身上，就有着奋斗者的特质。我见证了他在行动教育集团 6 年来一路奋斗的历程，从一位员工做到总监，最终成为我们认证的首批内训讲师和蓝鹰内训师。

在这本书中，他真实地刻画了五位平凡、朴素而又年轻的事业奋斗者。他们就生活在你我身边，就像是你的同学、邻居，或者你的兄弟姐妹。

与市场上其他同类图书不同的是，这本书以"人物传记 + 经验总结 + 职场对话"的方式，提炼了五位奋斗者从平凡走向非凡的人生历程，呈现了他们承受苦难时的坚毅乐观，一路获得的处世智慧，以及对于生命的深度思索。

可以说，只要你用心体会这五位企业奋进者的故事，就能获得奋斗的信心和力量。

这份强大的力量，来源于奋进者身上四个共同的核心特征：

第一，受过苦难磨砺；

第二，不断仰望星空；

第三，永远成就他人；

第四，学无止境、奋斗不息。

读这本书，对我自己也有激励和教育意义。一个个鲜活的场景，带我看到他们的梦想和憧憬，看到了他们如何为信仰下定决心，用坚强的意志奋斗不息，创造了幸福的人生，还看到在每一个成功的背后，他们如何给予、奉献并回馈于这个社会。

大道至简，殊途同归。只要认真研读，这本书中的成功经验是可以被复制的。

只要你心怀梦想，愿意奋斗，就可以和他们一样成功地改写自己的命运，获得非凡的成就和精彩的人生。

我坚信：唯有奋斗的人生才是幸福的人生。

让我们以这些奋进者为灯塔，在向他们致敬的同时，继续砥砺前行，去创造我们自己的幸福人生。

“赢利模式”创始人
上海行动教育科技股份有限公司董事长兼 CEO
李嘉诚 TOM 户外传媒集团原总裁
香港“紫荆花杯”杰出企业家
中国跆拳道运动发起人

李　践

以梦为马，不负韶华。

对有志者来说，人生不是一场旅行，而是一场修行。

在后互联网时代浪潮下的今天，人类的半只脚已经迈进智能化时代的门槛。而科技革命的日新月异，又迫使着每一个想要有所作为的人，必须持之以恒地终身学习，方能与时俱进。

当前，正是中华民族自近代以来前所未有的繁华盛世，但身处在这大发展、大变革的行进过程中，也出现了更大的危机与挑战！人们的生活和工作压力巨大，为了追求更好的物质生活，人们通过各种途径和努力来实现物质生活水平的改变。然而在这个过程中，有些人逐渐迷失自己，甚至忘记了曾经的初心。

人生至暗之时，我们曾无比渴望成功，但当所谓的成功实现之后，为什么很多人却反而更加空虚甚至迷茫？一穷二白时，我们也曾无比期盼获得更多的财富，但当所谓的财富到手之后，为什么许多人反而生出更多的烦恼？

人生，是一场修行。

一日修来一日功，一日不修一日空。

生命是一条通向未知与未来的单行道，在这条如同逆水行舟，不进则退的修行道路上，总有先知先行者、后知后行者以及不知不行者。我们此生究竟为何而活？我们到底在追求什么？如何确定自己所选的道路是否正确、有没有偏离航线？这不仅在考验我们的勇气，更是在检验着我们的智慧。

世界很大，人生苦短。

每个人的一生，总有几个关键时刻，把握住了就能成就非凡，没把握住就只好止于平凡。

一个人若想在有限的青春内更快且持久地从平凡走向非凡，最有效的方式便在于时刻总结自身经验，还要不断汲取他人的经验总结，为己所用。

听君一席话，胜读十年书。

修行路上，总有一些良师能点醒我们的灵魂，也总有一些好书在启迪我们的心智，一如本书 。

当收到乔老师的作序邀请，在简要地通读全稿之后，我立时便被书中的内容所吸引，立刻就觉得自己应当为这部作品写一篇推荐序。

这本书最可贵、最打动人心的地方就在于，它非常真实、接地气，有血、有肉、有内涵，每一个人物、案例或故事，全部都是真人真事，与市场上以往那些励志书中的“鸡汤”风格完全不同。

本书前后刻画了乔老师亲自采访、撰写的五位年轻的主人公，在他们一路迎难而上的奋斗路上，无论顺境和逆境都始终守住了向上向善的坚定信念！在书中，每一位主人公曾经承受的苦难，对人生的思索，由此获得的感悟，以及对职场处事的智慧都表述得非常直接和具体，生动地诠释了什么叫不忘初心、方得始终，以及当我们的心灵遭遇来自外界的诱惑与内在的困扰时，如何才能保持平衡以及取舍的方式方法。相信定能给今天怀有梦想的年轻人以真切的激励、启发和指引！

他山之石，可以攻玉。

这本书中的许多场景，也让我不时忆起自己曾经如何从一个懵懵懂懂的女孩，到与哥哥一起创立“钻石小鸟”这一路走来的种种画面。我深信：大道至简，行者无疆。在这些就生活在你我身边，并依然在继续向上向善的奋进者身上，其实也正是每一个心中有梦之人的人生写照。

本书所采访的每一位主人公都还很年轻，他们目前或许还不是众所周知的公众人物。但是，对于绝大多数正在奋斗路上的草根年轻人来说，并非只有明星人物的光环才能照亮我们，平凡之中孕育而出的非凡，有时候更显可贵！正如乔老师在书中说的那句话：“最能为身处低谷或迷途中人带来力量与启迪的，是你欣喜地发现：在你只要付出全力便能有望抵达的前方，正在有人与你同行。”

人生就是一场修行。

在这条自度度人、修己达人的路上，很欣慰看到乔老师的这本《奋进者》，它将伴随着无数的年轻人一路同行——当你走上这条路，收获的将不只是事业的成功，更是人生的圆满，这才是生命应当具有的真正意义与价值。

谨此再向乔老师这本新书的发行表达祝贺！期待能有更多的读者因本书而受益。同时，也祝愿未来每一个心怀梦想的年轻人，都能不负使命，永葆初心。

钻石小鸟　创始人

“星星点灯”生命成长平台　创始人

徐　潇

大千世界，众皆行人，生如逆旅，砥砺前行。

我是谁？渴望成为谁？我们正在成为谁？这个世界，又需要我们成为谁？

豪迈的人看人生如山，天高地远；淡雅的人看人生如水，平淡是真；浪漫的人看人生如花，五彩缤纷；深情的人看人生如酒，回味无穷……

童年畅想明天，老年回忆昨天。无论哪一类人，人生最宝贵的时光都莫过于最年富力强的青春年华。

在多元化竞争日趋激烈的当今职场，这里是绝大多数年轻人的梦想起航之地——无数人在这里从青涩走向成熟，最终脱胎换骨；又从成材走向成功，最终功成名就！然而，也有太多人在此折戟沉沙，最终心灰意冷；更有人得志便骄、唯利是图、丧失底线，最终悔恨无穷。

是什么，能让那些原本资质平平、资源匮乏的年轻人终有受人敬仰的成就？

又是什么，能让那些本已跌至谷底、被人看衰的年轻人再创浴火重生的传奇？

究竟是什么，让那些一再遭受嘲笑、打击、屈辱、背叛以至身心俱疲的年轻人，能在人生的重重巨变之下不仅没有迷失心性，反而越战越勇？

……

尝遍辛酸梦不改，渡尽劫波初心在。

在这个世界上，就是有这样的一群人：

他们的身形是如此普通，仿佛随时都能淹没在都市那熙熙攘攘的人流之中；他们的身影却又如此伟大，以至于每一次听到他们的故事都让人心生力量。

他们达则回报社会，穷则善己为人，纵然曾经伤痕累累，他们对生活依旧心怀感激！哪怕一度山穷水尽，他们也仍对未来充满信心！就算自身一贫如洗，他们也愿为处境更难的人们慷慨解囊！

在一些人的眼中他们或许很傻，但这世间也正因为还有这样的一群人，才得以让更多的人体会到生命永远美好，生活永葆希望！正如古龙名著《多情剑客无情剑》中李寻欢在结尾所说的："人活着，就要有理想，有目标，就要不顾一切去奋斗！至于奋斗的结果是不是成功，是不是快乐，他们并没有放在心上。"

尽管，这些人在年龄、职业、地域乃至生活经历上都各不相同，但他们都渐渐领悟到了人生幸福的真谛、活着的意义以及终此一生的使命。可以说：他们此生都在自度度人，修己达人。

这样的人，难道不正是年轻一辈要向之学习的目标与奋斗的榜样吗？

非成业难，而得贤难；非得贤难，而用之难；非用之难，而任之难！

对个人来说，最应当珍惜的莫过于"光阴"二字；而对处世哲理而言，最值得守护的却是"信任"二字！倘若，每个人都只活在对自我利益的追逐中而不能自省，对他人将信将疑的提防中而不能自拔，人生的成就将从何谈起？生活的快乐从何可得？生命的价值又从何而觅？而这世界的未来，又将通向何方？

为了功成名就，许多人也曾读过古今中外无数名人的励志故事，但是为什么明明"知道"了那么多的人生道理，却依然过不好这一生？知道做事有始有终才有胜利，却依然随性而为，三分钟热度；知道了对他人应谦逊热诚，却依然冷漠自私，事不关己便高高挂起……太多曾经有志有梦的年轻人便是在这样循环往复的光阴中，由"常立志"渐成"常后悔"，由"抱怨者"终成"失意者"……

当今都市生活的节奏太快，职场商界的步伐太急，一些人的心灵的坐标却渐行渐远。

"互联网＋"时代的到来，为人们带来了前所未有的变化，再遥远的物理距离都不再是距离，世界第一次有了"地球村"这个概念。但与此同时，即使间隔着最近的物理距离，有的却是更大的心灵疏远。有的人能为韩剧中那些男女主角相爱相杀的场景随时热泪盈眶，却极少会在现实生活中因感动而落泪；有的人把最好的礼貌和热情给了客户，却又把最差的脾气留给了身边人；有的人对面前最重要的人视若无睹，却只对掌中的"精神鸦片"难以放下……

一句话：我们躯壳的脚步太过匆忙，却忘了回头看看灵魂有没有跟上。

非反省无以精进，唯总结方得成长。当一个人不能借助已有的三观认知和辨识能力，在日新月异的现实世界中认准方向、找到归属，便会甘愿沉迷在物欲横流的欲望世界中不能自拔。

少年强则国强，少年智则国智。我深信：每改变一个人，就能影响一个家庭和一个圈子；每影响一个年轻人，我中华民族的伟大复兴梦便能早一天实现！

这些也正是最终促使我决定撰写这本《奋进者》新书的发愿所在，一如孔子的那句警世良言：“德之不修，学之不讲，闻义不能徙，不善不能改，是吾忧也”。

一个当前寂寂无闻的教育工作者，当然不能和两千多年前的古圣先贤相提并论，但是匹夫亦有报国志，“位卑不敢忘忧国”！吾虽不名，却有许多在事业上精进不息、三观向上的企业家人物比我更有名气，更懂职场乃至更懂人生！作为一路亲身经历从职场考验到商海洗礼并依然守住初心的他们，也最有力量和资格去分享在改变个人命运的追梦路上，如何才能获得幸福圆满的人生，如何才能处理好事业与家庭的平衡关系，如何在竞争中同时与人和谐共处，如何把知识转为智慧，如何踩准最适合自己的方向坐标，如何能在困苦的逆境中迎难奋起，又如何能在功成名就的顺境下守住本心……

作为一个立誓终身教育的师者，还有什么能比传播真实的知识，弘扬真实的正能量，更能造福于社会和他人呢？

在本书采访、撰写的五位主人公中，有两位“80后”企业家、两位“70后”企业家和 位“80后”高管，他们都很年轻，或许目前还不是广为大众所知的公众人物。但当你阅读完本书，定会发现这些主人公在其追梦路上那一次次的传奇历程、非凡毅力、乐观善良与深入于心的责任担当，不仅值得今天的年轻一辈终生学习，也是我们的子女未来的人生榜样！他们和许多人一样都曾经没有背景只有背影，没有身份只有身份证，他们经历了比常人更多的困苦，却能一步步化失败为成长、化伤痛为力量，最终化平凡为卓越、化落后为传奇！也正是这样的奋斗历程，才能对当今的年轻一代更有启迪，没有代沟，也更接地气。

人生至暗之时，凭什么能笑对人生？一贫如洗之际，又凭什么能坚信未来？

奋斗不息的人生犹如马拉松式的跨海登山，面对前路那一望无尽的未知险途，最能给人带来力量与启迪的，并不总是这座山在很久以前有谁登过，这片海很早以前有谁越过，而是你惊喜地发现：在你付出全力便能有望抵达的前方，那里有人正在与你同行。

这也就是为什么半空之中的灯塔，会比天空之上的月亮更能照亮、指引我们的前行！

圣人曾言：大道至简而殊途同归。我也坚信：同行大道之人，定能成其久远。

乔思远

CONTENTS 目录

The 1st Chapter

第一篇

对话秦桂枝：分享的人生是最有意义的

人本平凡，之所以能因梦想而伟大，是因为梦想能让低谷的人重拾希望，让奋进的人不会懈怠，让迷茫的人心灵觉醒，让成功的人远离堕落。

在每一个人的追梦成长路上，分享都是永不过时的必修课题——有人成长，就要有人分享！学会分享，本身就是使人不断成长的首要前提——越分享，越成功。

有一天，我们终将发现，懂得分享的人生，才是最有意义的。

人物简介

秦桂枝

上海莱仪堂生物科技有限公司	董事长
莱仪堂、升艾堂	品牌创始人
央视 CCTV 老故事频道《匠心》栏目	专访人物
中国医疗保健国际交流促进会	副会长

已拥有39家直营连锁艾灸养生馆、升艾堂全国上百家加盟连锁养生馆

第 1 章 苦难童年｜困境中：心向光明育善根

终得女：桂枝降生喜盈门

凤凰如若不死，必将涅槃而生！

作为人世间的幸福使者，凤凰背负着人间积累的所有苦难，每 500 年便会投身于熊熊烈火之中自焚为灰烬，以生命和美丽的终结换取人间的祥和，再从灰烬中浴火重生，循环不息，成为永生。

实际上，无论谁，若要获取命运之新生所需经历的苦痛，与凤凰涅槃的过程并无二致！古往今来，出身草根一族而终能功成名就的名人固然比比皆是、不胜枚举，然而，他们中的大部分人，毕竟还是由原本普普通通的“凡品”，无奈活成了最终庸庸碌碌的“赝品”。

但，也正因为如此，能于困苦之中走向鹰王重生、凤凰涅槃的这一部分人，才远比含着“金钥匙”延续甚至是缔造了更大成功的“各类二代”们，更值得让人学习、尊敬与思索。

一如本篇采访的主人公，上海莱仪堂生物科技有限公司董事长秦桂枝。

“桂枝”二字，本是中草药材的一种，药为良药，人亦良人——秦家兴为这个女儿取名“桂枝”，也是寄意女儿在未来能像中药桂枝一般，成为一个能对社会济世为怀的有用之人——而秦桂枝的人生足迹显然没有令父亲失望，甚至可以说早已远超家乡父老的预期！

时光回溯到 1973 年，江西，九江市，马回岭镇秀峰村。

这一天，是 6 月 28 日，对很多人来说，这就是和往常一样的普通一天。但对于祖祖辈辈都在秀峰村务农为生的秦家兴一家来说，却是极为喜庆的日子！

因为，正是在这一天，一辈子老实巴交、已经 42 岁的秦家兴喜得爱女！对一个过了不惑之年的中年男人来说，女儿的诞生无疑为家庭带来了温馨、欢笑与希望——尽管祖祖辈辈都是面朝黄土背朝天的出身，但秦家兴却没有重男轻女的守旧思想，而是将其视若掌上明珠，因为这个骨血来得太不容易，这个女儿寄托了他后半生的希望和动力——四十年后，当年的女婴已经成为上亿身家、在上海拥有数十家养生连锁企业的董事长，在接受笔者采访时，哪怕一次也想不起曾被父亲打骂的记忆，有的只是满满的疼爱。

据说，刚降临世间的女婴哭声特别大。在有些破旧的土房子中，女婴嘹亮而清脆的声音仿佛在向世界发表着她的“诞生宣言”，秦家兴无比激动，因为他从响亮的声音里，听得出这是一个强壮而健康的婴孩。

更让他没有料到的是，正是这个女婴的到来，在其后的数十年间不仅改变了一家人的悲苦命运，也影响了许多人的命运！桂子人间落，凤凰上枝头，这恰如天下所有父母期盼望子成龙、望女成凤的心——尽管在当时，家里如此贫穷且自己身体还不太好，秦家兴依然高兴地为这个女婴取名为：秦桂枝。

只是，穷人家的艰辛，并不会因为人丁的增加而减少。相反，更大的艰难才刚刚开始。

穷人娃：以苦为乐早当家

马回岭镇，位于江西九江市柴桑区的最南端。

20 世纪 70~80 年代，正值中国由计划经济转向市场经济之初，百业待兴。而秦桂枝的童年时光，便是在这一特殊的历史环境下渡过的。

在那个还是计划经济的年代中，生活的主旋律是定期且限量分配的“大锅饭”“工分制”……由于身体的原因，别人一天能得到 10 个工分，秦家兴最多只有 7 个，再加上秦桂枝的奶奶，以及秦桂枝的 2 个妹妹和 1 个弟弟，一家人成了村里典型的“贫困大户”，每年都必须靠领取政府救济来维持度日——在秦桂枝 12 岁以前，就连自家每一次稻子插秧和收割，也是在很多村邻的帮助下才得以完成。

“当时家里究竟穷到什么地步？”笔者问。

秦桂枝回忆说：“那时候，家里烧火煮饭的锅台都是用泥巴砌的，一边大锅一边小锅。有一回，家里的锅灶被我不小心靠上去，结果竟倒塌了一半。那半面灶台好几年都没有修——不是不想，而是修不起，连买足够的砖头修灶都成了奢望。有些人家还有铝制的锅盖，而我们家只有一个木制的锅盖。由于常年使用，锅底被烧穿了，只好用土办法打上补丁继续用，结果烧锅时上面加水下面渗水，再补再渗，再渗再补，就这样一口锅坚持用了好多年。倒了的锅灶直到我 14 岁的那一年才重新修好。”说到这里，秦桂枝笑了笑，“所以我打小就好羡慕别人家有一口好的灶台，每次家里在煮饭时，都生怕别人在这个时候来家里玩，因为会特别的不好意思！尤其是一家人吃饭的时候，家里只有一张少了一条腿、用土砖撑起的小饭桌，因为没有板凳，小孩就坐在门槛上吃。而每到这时，家里唯一的经济来源：猪，也成了吃饭时的‘常客’。大概是它也知道‘饭点’到了，于是人吃饭，猪也跟着大摇大摆地蹭了上来，有时候直接就往桌子底下拱，一家人就得赶忙扶稳桌子”。

“为什么不把猪赶到猪圈（栏）里呢？”

“那时候家里灶台都没钱修得起，哪有钱建猪栏啊，猪就睡在烧柴火的灶头旁边。” 她笑笑说。

人生不言苦，因为这世上每一个人都活得不容易；活着不抱怨，因为每个人都能找到抱怨的理由。

而对小时候的秦桂枝来说，最担心的还不是锅底漏水，而是屋顶漏水！因为每逢刮风下雨天，家里都会有一种危机感，生怕房子会被吹倒。有一回下雨，家里厨房房顶的瓦片都被吹落了，而正屋也有几处开始漏雨，一时间，屋里布满了大大小小的盆盆罐罐接雨滴的声音。秦桂枝心里很慌，万一正屋的房顶也被吹落可咋办？此时一家人所能做的就是忐忑不安地祈祷——祈祷老天爷不要把房屋给吹走。

“那天晴之后要做的第一件事，是不是就得修补屋顶？”笔者仿佛看到了那一排被吹得七零八落的瓦片。

“漏了好多年，一直到我 14 岁挣到一点工钱才修好的！因为在那一年，村里有一些有钱的人家开始将房子改造为平房或者楼房，我就过去帮人家去提泥桶、拎砖头，一天 1.5 元，用挣来的 60 元工钱买来修缮房顶和锅灶的砖瓦，又鼓起勇气向大队书记“借”了 14 根木材，终于把房子重新整修一新。这是我人生第一次挣钱，心里特别幸福，比后来我在上海买第一套房都有成就感。”

“那时候有觉得日子过得苦吗？”笔者再一次追问。

“并没有。因为那时从没享过福，就会觉得这些都是正常的，当你苦久了便不会知道苦是何物。”秦桂枝于不假思索中给出的回答，是如此的朴素如心。

得熏陶：祖母言行多教诲

孟子曾言："穷则独善其身，达则兼济天下"。

这句名言若用在秦桂枝身上，其实并不那么准确，因为秦桂枝的人生信条是：达时固应兼善天下，穷时也要善己善人。

在采访的过程中，让笔者心灵最受震撼的，并非早年的秦桂枝经历了多少苦——事实上，每一个生活在七八十年代的农村孩子，基本上都吃过苦。也不是秦桂枝性格中的坚强，所谓穷人家的孩子早当家，那时候想要活下去，任谁都必须坚强！甚至，都不是她于坚强之中的天性乐观——尽管这时候的乐观，本身已堪称难能可贵。

真正令笔者动容的，是一个人明明正身处于困境之中，却依然能对更为弱小的他人伸出援手；纵然自身已是衣衫褴褛，也仍然不忘对身边世界报以最大的善意光明！

秦桂枝的父亲早年体弱，且由于历史和环境的原因，母亲又先后两度离家出走，第一次曾被寻回，后来又一次离家并带走了秦桂枝两个正在读书的妹妹，自此再也不复家返！那是一个令人心疼的日子，秦桂枝记得，那天清晨天还没完全亮，知道妈妈又要走的她，一边流涕痛哭一边紧紧拽住妈妈的衣角不断央求着，她一遍遍地告诉妈妈自己已经懂事了，能够为家里分担责任，日子一定会好起来的……这是秦桂枝记忆中的第一次潸然泪流，但母亲出走的心依然决绝，留下了年迈的奶奶和幼小的弟弟……运笔至此，一阵心塞，只能唏嘘造化弄人，时也势也命也！就这样，小秦桂枝家里原先的半边天塌了，在这之后，一家人的生活重担，便落在了她这个尚未长大的长女身上，这件重大变故也直接导致秦桂枝的学业最终定格在了小学，从此再未能走进那个无比向往的读书殿堂——而这，也促成了成年后的她拼命到处求学的直接原因。

母亲的事曾在村里引起轩然大波，小秦桂枝每每走在外面总能遇到别人的指指点点，仿佛在诉说着这个孩子无尽的可怜……当许多年以后再次回顾这段往事时，尽管早已化一切为力量的秦桂枝声音依然平静，但笔者还是不经意间觉察到了那抹一闪而过的痛苦神色。

一个人若未有过类似的经历，便很难有真正意义上的感同身受，很难想象当一个弱小的孩子，在本就贫穷的家庭突遭变故与至亲央求诀别之际，那饱经煎熬的小小心灵是怎样一番难言的痛楚哀伤？

真正的坚定，并不是不曾受伤，只是从未动摇；心底的强大，也并非没有难过，只是依然深信未来！

在那之后的一段时期，秦桂枝突然发现自己在村里受到的关注一下多了起来，当她穿着脚指头都露在外面的解放鞋走在路上的时候，时不时就有路人对着她议论纷纷。然而，秦桂枝不悲，也不恼，而是以常人难以置信的乐观和坚强远远地跑开。“大概是我打小看过了很多人的苦，才从来没觉得自己有多可怜，未来更不会可怜，所以我喜欢听积极的话语，压根不想听她们那些话。”秦桂枝回忆说。

有一回，在水田插秧的她嘴里正咿呀哼唱着不知名的山歌，一位路过的婶婶忽然对她喊道：“小桂枝，你看你们家都穷到啥样了？你妈妈也跑了，你爸爸又生病，你还唱什么唱啊……”秦桂枝心里一阵心酸，却倔强地扭头不答，转身继续哼唱。

秦桂枝所说的“看过许多人的苦”，是村里那些无儿无女的孤寡老人，以及当时不断从四乡讨饭到村里的外地人。在她 12 岁以前，家里的大事基本上都是由秦桂枝的奶奶在操持着，每到逢年过节或者村里这些老人生病时，奶奶都会分出家里仅有的一些饭食，带着她一起前去探望；而当讨饭到此的人来到家里，奶奶也会尽力地给予招待和收留，甚至是长期住下——在当时，整个村只有秦桂枝的奶奶一个人会让讨饭者住进家里，一直到奶奶以 90 岁的高龄离开人间。以至于小秦桂枝有时也会感到好奇：“为什么会有那么多讨饭的人来到我们家？”

一个人心中有恩，才会知恩，才会心无所怨，才能推己及人。

尽管幼时的苦难不能一一尽表，但秦桂枝却是一个极其懂得知恩知足的人。那时，每当领到政府或乡邻周济的一件衣服或一双鞋子，她就会觉得好开心！乃至秦桂枝体力稍长能下地收割糯稻时，一直都在找机会报答乡邻的她，美滋滋地把刚做熟的糯米团子一碗碗全端给了村里人——人在童年，这是最为纯粹的分享心与喜悦心。小秦桂枝的念想也很简单，自己长大了，不能总是一直接受别人的救济而不去分享——尽管，当时她甚至都不知道这样叫作分享。

“家里人当时对你的这个举动表示支持吗？”笔者轻问。

“支持的！就是父亲说了我一句：死丫头你也给家里留一点啊，都给出去了我们吃什么？父亲当时并不是责备，是带有一种疼惜。”秦桂枝甜甜地回忆。

安得广厦千万间，大庇天下寒士俱欢颜，风雨不动安如山！

放在今天，一锅糯米团子的分享当然不算什么——但是，一个在彼时身处如此困境中的孩子能有这般的举动，相较之下，又是否足以让今天的许多成年人感到汗颜?

小节回顾 ‖ 笔者总结

1. 苦难能催人奋进。

这世上每一个人都活得并不容易，没经过苦难岁月的洗礼，便不会获得真正的坚强！更何况，对于每一个心中有梦的人来说，身处苦境，因梦而甘。

2. 感恩能给人力量。

上天不会让一个人白白经历苦难。

有时候，生活给的苦会多一点，那是因为负有特殊使命的人必须要有的考验。

真正永葆感恩之心的人，并不都因为在顺境里得到的鲜花、掌声和荣誉。即使在看似最糟糕的日子里，我们也能找到值得感恩生活的理由。

第 2 章 少年故事 | 乡土下：商机原本在眼前

舍学堂：牺牲自己全幼弟

凡是了解秦桂枝人生经历的人，都说她是一个商业奇才。

而其实，这世上的奇才并没有几个是天生而成，她们只是比常人多了几个一点：读过的书比别人厚一点、经历的事比别人多一点、想要的志比别人远一点、舍得的心比别人大一点。

甚至，就连牺牲的痛也比别人更深一点。

在笔者第一部著作《职场精进》中，也曾提到一个人若欲成长，要么读书学习，要么事上练习。

秦桂枝一生中的第一个遗憾其实并非没有机会继续完成学业。但是，她选择放弃了。这个决定，几乎是她这一生中所做出的唯一一次放弃。

当时，村里的书记——没错，就是前文中借给秦桂枝一家 14 根木材的那位大队书记，堪称秦桂枝一家最早的贵人。有一回，大队书记在挨家催交公粮的时候来到家里，问秦家兴要不要让小秦桂枝继续去念书。秦家兴转头看向女儿，尚未开口，已经很懂事的秦桂枝马上表态：不要！大队书记猜想到可能是钱的问题，表示可以跟学校沟通不收秦桂枝的学费。秦家兴动心了，动员女儿继续去读书。秦桂枝也很动心，因为学校的时光让她很享受。有一次，在语文课上的看图画写作文的比赛中，老师还当众表扬她的作文很有想象力，并把她的作文在班上读给同学们听。但倔强的她再一次拒绝了，不是不想读，而是不能读。即使学费能免，然而奶奶年事已高，父亲身体不好，弟弟还小，种田、放牛、养猪、家务……这些家里必备的生活生计，除了她，还有谁能来挑起呢？就这样，她把免费读书的机会留给了弟弟。自那一次的谈话之后，大队书记被这个小姑娘的坚毅内心所打动，每年在发放救济物资的时候，都会特别照顾秦家兴一家。“那个书记现在还在世吗？”笔者问。“在的，我一直坚信好人有好报。每一年春节回老家时，我都会带上礼物到老书记家里看望。”“那现在回想起来，对于当年放弃了学业后不后悔？”笔者再次问道。“有遗憾但不后悔，人这一辈子也无法事事完美。你看老天爷对我并没亏待，不是吗？我现在得到的比许多人得到的都多。”秦桂枝如是说。

人于困苦无助之际，有时无论怎样都难以两全，留有遗憾在所难免——就像《西游记》中孙悟空的那一句：“天地本不全，经文残缺也应不全之理，非人力所能及也”。勇敢接受遗憾，然后活出一个不后悔的人生！这，不正是一种大智若愚的体现吗！

穷人家的娃儿，从来都是早早当家。

辍学以后的秦桂枝，义无反顾地支撑起整个家庭的生活重担。每逢村里遇有红白喜事，所有的出礼与应酬也都是由她代表父亲只身前往，尽管那时还远未成年！客观地说，也正是在未成年就做着大人的事，才成就了秦桂枝后来在人际、经商中的天赋、识人及眼界。

此后几年间，为了贴补家用，秦桂枝每年都在家里养一头猪，每到年底，别人家养的猪是为了杀了好过年，就只有她养的那头猪是卖了换钱生活。

地皮菇：一方水土一方人

生简单，活简单，生活不简单。也唯有当过家的人，才能体会到生活中的柴米油盐是有多贵。

稻田收割的期限和产能是有限的，而放牛养猪带来的回报更是缓慢的，又不能总靠别人救济。那么，问题来了。当家里没钱可用的时候，一个已当家的小姑娘，到底怎样才能获得更多的收入来改善家用呢？

一方水土，必能养育一方人。

有一天，秦桂枝在放牛回家的路上，看着脚上已经破旧不堪的解放鞋，心里苦苦思索着如何帮家里改变缺钱的状况，视线就停留在不远处刚下过雨的一片湿地。良久，她的脑海里忽然生出一道灵感，一个大胆的想法浮现开来。她欣喜若狂得像发现了新大陆一样，准确地说，应该像发现了地上有金元宝一样，急忙奔向刚刚视线望向的湿地。许多年以后，秦桂枝回忆说自己之所以有勇气只身一人从山里来到上海，并走上经营企业的道路，让其在逆境中始终自信的最初源头，正是源于少年时期这一灵感带来的坚定信心。

秦桂枝的眼前究竟出现了什么？在她的眼中，地上的确冒出大量的“元宝”，其实一直就存在。只是，祖祖辈辈因为习惯了对其视而不见，未能去思索和发掘它的经济价值。

地皮菇，又名地木耳、地皮菜，是一道在中国乃至世界各地广泛分布，却又对土壤环境要求甚严的念珠藻类食材，富含蛋白质、多种维生素和磷、锌、钙等矿物质。

之所以说地皮菇的生存对土壤的环境要求甚严，是因为它喜欢生长在含钙量丰富，而且不曾受过污染的地方，且只有大雨过后才能挖到，晴天时很难找到它。换句话说，在城里的土地上无论下多大的雨，都很难长得出地皮菇。事实上，到今天为止我国农作物的种植科技已经非常发达，却唯有地皮菇依然停留在野生的食材资源，尚未实现人工的批量种植。

而在当时，让秦桂枝觉得眼前一亮的灵感就在于既然地皮菇只在农村才有，那为什么不能将其收集起来，洗干净带到县城卖了换钱呢？无本的买卖又没风险，即使没卖掉也可以自己家食用。一念至此，秦桂枝回到家后就提了两只篮子出来，就像童谣《采蘑菇的小姑娘》歌中所唱的那样，很快就拣了满满两篮，回到家后就用米筛小心地洗净。第二天一早，她搭乘第一班到县城的班车，找到一个农贸集市就开始叫卖。城里人对地皮菇还是识货的，地皮菇炒鸡蛋那可是一道美味佳肴，很快就不断有人询价。秦桂枝一想自己既不会称称，而且也没有带称。就索性直接用碗，2 角钱一碗，于是两篮地皮菇很快热销一空，就这样卖了 10 元钱左右。尽管这不是秦桂枝第一次为家里挣“外快”，也没有第一次做瓦工小工时挣得多，但这却是她实实在在第一次靠“买卖”赚钱，而且只用了一天时间。兴奋的秦桂枝在返程的路上就给自己和弟弟各买了一双新鞋，剩下的都交给了父亲。

无论身在何处，每个人都会遇有艰难困苦。每当此时，最重要的就是沉得住气、静得下心，这样才能转动问题解决的开关，发现车到山前之时那一条原本隐蔽着的道路。

这一次的成功，使得秦桂枝发现了自己“经商”的头脑，也带来了莫大的自信和勇气。虽然当时连她自己也没想过，这件事会给未来的自己产生多么大的深远影响。

自那以后，村里人不断看到秦桂枝身上焕然一新的新鞋、新衣服等等，也知道了小小年纪的她快速“生财”的秘密。“大家问什么我就答什么，没任何隐瞒”。于是，渐渐地，几乎半个村子都加入了采摘地皮菇的大军。“但他们的动作都没有我快，他们一手提篮一手摘，我是双手并用，左右开弓，插秧、割稻谷、捡地皮菇我都是村里第一”。在回忆这个桥段时，秦桂枝显然乐在其中，双手像个孩子般不断地向前用力比划着采摘地皮菇的动作。

从无人问津到全村争抢的“香饽饽”，变废为宝也的确是件有趣也很有意义的事情。

秦桂枝刻入骨髓的“傻傻”分享精神还体现在，她从来不担心人多地皮菇会被捡没了！每每有人问起，她的回答也总是，这些原本就是老天爷给我们的东西，况且自己也能比他们摘得更快更好。

很快，秦桂枝所说的“做到更好”就有了体现的机会，但只有具备商业基因的人才能如此善于发掘。少年时代的秦桂枝就很擅于琢磨事物，每次到县城卖完地皮菇后的两个篮子都是空的，既然来的时候篮子里有东西卖，那返回的时候为什么就不可以呢？于是，她又开始用卖地皮菇的钱在城里买进一些水果，然后在回去时就跑到镇上的庐山机场，把她 4 角钱一斤买进来的水果 8 角钱卖出去，有时 6 角也卖，这样一来一回篮子不空手，来去都有生意做。有时，水果一时还没卖完，秦桂枝就跑进附近的各个村里继续串卖，遇到想买水果但没有钱买的人家，给啥都能兑换。有给鸡蛋的、有给稻米的，还有给杂粮的……反正在秦桂枝的水果卖完时，篮子里依然是满的，直到这些东西最后都一一变现，于是村里有些不怕辛苦的，又掀起一股跟风热……

中国当代著名作家梁晓声，曾用四句话来概括一个成年人应当具有的文化品格：根植于内心的修养；无须提醒的自觉；以约束为前提的自由；为别人着想的善良。

在这个世界上，就有那么一类人，虽然他们尚未成年，却已经具备了许多成年人都未必具有的这类品格——而少年时期的秦桂枝，无疑就属于这类人中的一个。

小节回顾 ‖ 笔者总结

1. 前进需要勇气，后退需要智慧。

所谓付出，就是愿意先他人后自己；所谓大爱，就是能舍小我而成大我。当不能两全其美时，你的选择就是你的人生。

2. 别人都能看到的是机会，别人视而不见的才是机遇。

正如千里马常在，而伯乐不常有，这个世界从不缺少机遇，缺少的只是发现机遇的眼睛！一心向往光明，专注而不懈，定能发现不经意之间的转机。

3. 让分享成为一种习惯。

厚德方能载物，分享永远不会让分享者的所得变少，与其执着于一时资源的拥有，远不如得到远近人心的拥护。

第 3 章　逐梦上海 | 发宏愿：不破楼兰誓不还

出乡土：三十五元赴征途

时光荏苒，日月如梭，转眼间秦桂枝已成长到 20 岁。

1992 年，在幅员广阔的国土上吹响了改革开放的号角！对于普通百姓来说，改革带来的最大改变就是思想观念上的开放。在城市，经商环境日新月异，许多有见识的人开始下海创业，许多后来知名的企业都在这段时期创建或壮大；在农村，许多年轻人也已不满足于“面朝黄土背朝天”，转而走进城市寻找新的机会。而这其中最为著名的，大概要数以温州人为代表的“浙商”们，他们以四处走街串坊的方式，以“四千精神”为基石，开始了对未来勇敢积极的探索。

事实上，不仅是浙商，“四千精神”是任何一个有志的年轻人所必备的创业精神，当然也包括从小就具有生意头脑与眼光的秦桂枝。

在当时，秀峰村每年都陆续有年轻人结伴去福建、广州等地的工厂里打工，迈出了从农村到出外打工的第一步。秦桂枝也在构想着未来，但她认为自己的未来既不在农村，却也不在工厂。她觉得进工厂受人管不自由是小事，更重要的是进工厂只能赚点小钱，没发展前途。所以，当由村里的年轻人组成的“大部队”都蜂拥进厂之时，秦桂枝选定了自己梦想起航的地方：上海——这个大都市的名字，是她在县城卖地皮菇时听人提起的。尽管秦桂枝当时还不太懂何谓“梦想”二字，但她真的觉得应该去上海看一看、闯一闯。

那么，一个人从懵懂到懂事的过程有多远？从追梦到圆梦的路途又有多远？

当人们选择放弃曾经无比熟悉的环境，去迎接一个完全陌生且未知的将来，就如同在黑夜的大潮中 “摸着石头过河”，或许是缘于童年吃苦和少年经商带来的自信，秦桂枝和多数人最大的不同之处可能就在于，在决定自己方向的两件重要事情上，秦桂枝并不迷茫，用今天流行的话来说就是，你到底知不知道这一生最想得到的是什么？秦桂枝明白这两件事，一是自己将来的定位：做生意；二是铁了心地要去上海。

应当承认，能在这两个关键问题上清晰并很早就下定决心，能人为省去在逐梦过程中的许多试错成本。尤其在人浮于事的躁动的今天，在太多年轻人对目标只有三分钟热度的今天，曾在这个问题上迷茫过的人们尤其值得思索。

1994 年的炎炎夏季，怀揣着满腔期待与当时仅存的 35 元钱，秦桂枝就这样挥手告别生长了 20 年的家乡土地，义无反顾地开启了出发上海的逐梦之旅，也从此翻开了堪称波澜壮阔的奋斗新篇章。

风波至：绿皮火车遇危机

上海在哪？要多久才能到达？ 35 元钱够吗？

秦桂枝不知道，她能够非常确定的其实就一点，既有非凡的梦，就应勇敢地追——犹如，既然选择了远方，留给地平线的注定就只能是背影。

最穷不过要饭，不死终会出头，秦桂枝一遍遍地告诉自己。

想从秀峰村出远门，就必须先辗转到达省城南昌，然后再中转全国各地。在当时，马回岭镇有一个专门运载煤炭等物资的火车小站，往来的都是全身黑乎乎、只有火车头才有座位的那种货运专列。秦桂枝想到了一招，她看到站台有一位手拿红色小旗指导行车安全的工作人员，于是急忙冲上前央求搭个便车去省城。大概是当地民风淳朴又或者当时的环境下已经见怪不怪，工作人员便问她：“你个小姑娘家独自出远门不害怕啊？提前告诉你，这辆车可能不到南昌啊”。秦桂枝一听有门，心想：“害怕？本姑娘打小怕过啥了？管它到不到南昌，我上去了至少能离开这个镇”。结果，这辆煤炭车真就没有经停南昌，而是直接把她拉到了鹰潭。你害不害怕是一回事，但懵不懵圈又是另一回事，就这样颠簸半天，全靠临行前奶奶给的一包冰糖补充体力。

就在秦桂枝饥肠辘辘地坐在煤炭车顶苦思下一步的对策之时，仿佛是命运无声的安排，一辆绿皮火车恰好从鹰潭站外缓缓开进，就停在她前方的不远处，只见车厢上白底黑字写着大大的：鹰潭——上海。于是，就像落水之人发现了一根救命的稻草，秦桂枝飞也似的从车顶一跃而下，随着滚滚的人流便挤进了绿皮火车。

人生有时候就像过山车，总有各种意外的剧情，尽管你心里已经想好要走的路，但命运对于意外的考验却总是让人始料不及。

绿皮车里犹如高峰时期的上海地铁，秦桂枝单薄的身形在拥挤的人群中是那么的不起眼，她开始考虑到上海之后能干什么工作——对不起，是“生计”。正当她琢磨时，查票的列车员来了！身上的钱够不够不知道，但最主要的是要留着吃饭用，秦桂枝下意识地想到厕所里去“躲一躲”，但已然来不及了！面对近在咫尺的查票员，秦桂枝只好硬着头皮坦诚告之自己没票，连身份证也没有，就想到上海打工挣钱养家。但列车员也同样一脸坦诚地扔给她两个选项：“要么马上下车，要么就地遣返”。遣返？遣返是什么意思？秦桂枝没懂，但直觉告诉她这应该不是什么有趣的事。难道是自己和那个叫“大上海”的城市缘分还没到吗？这时，列车缓缓驶进车站。此时已是凌晨 2 点，这一站下了好多人，都背着大大小小的蛇皮口袋，一看就是从农村出来打工的。既愧且急的秦桂枝几乎没有犹豫地跳下了火车，既然有这么多人在此下车，这个城市总应该饿不死我吧！她决定先在这里打一段时间的工，再择机前往上海。

走出了金华的站台，饿了一整天的秦桂枝花 3 元钱在路边摊买了一碗水饺，而一顿饺子就吃掉自己将近“十分之一的积蓄”，秦桂枝不由得心疼地摸了摸紧贴腰间的小口袋。

在接下来的一段日子里，举目无亲的秦桂枝每天一边计算着剩余的“可支配资金”，一边到处寻找金华本地的招工信息。最终辗转进了一家做羊毛衣的工厂——是的，无论心里多不情愿，到底还是进了厂子，因为她身上实在没钱了！对一个没有身份证的人，这是她第一次体会到身在异乡与家乡的不同——只是，上海的名字仍在秦桂枝的脑海中不断魂牵梦绕，身虽未至，心向往之。

2 个月后，秦桂枝口袋里的钱变成了 100 元——这是她个人的存款数字第一次由 2 位数升级为 3 位数。其实，转正后的工厂一个月可以有大几百元的收入，但对一心想去上海发展的她来说，那些都已经不再重要了。

到上海：念念不忘生回响

念念不忘，终有回响。

1994 年 9 月 26 日，秦桂枝终于抵达心中一直向往已久的大都市：上海。刚刚出站，秦桂枝立时被上海火车站附近的高楼大厦所吸引，就像“刘姥姥进大观园”，她觉得上海实在太漂亮了！“这座城市我来对了，以后也不走了”，她如此激动地告诉自己。

也就是在这一刻，秦桂枝郑重许下了有生以来的第一个誓言：我定要在上海买一套房子，买不到房子就不找男友、不结婚。此时若有旁人在场，一定会骂秦桂枝是个疯子，初来乍到的一个农村丫头，一无所有，一无所知，就连看到银行自动取款机往外吐钱她都觉得稀奇！但，秦桂枝真的就是这么敢想，甚至是，别人许愿都是在心底悄悄地，而她却是对着眼前的车水马龙大声吼了出来。

5 年后，或许是上天听到了她当初的呐喊，到 1999 年底时，秦桂枝终于买下了来上海后的第一套房子。

即使时隔多年，笔者依然能感受到秦桂枝在回忆初到上海时的豪情：一个当时仅二十出头的小姑娘，她居然用“拼了老命”这个词，其中滋味，有过类似经历的同道中人才能体会。

法国大哲学家爱尔维修曾说：“人是环境的产物”，这句话有其深刻的哲理意义。当初，秦桂枝在金华时怎么也升不起买房定居的念想，但一来到向往已久的大都市，整个人顿时“激情四射”。

此后 6 年间，秦桂枝几乎跑遍了上海的各个区域：洗过碗、拖过地、当过保姆、进过灯厂、摆过地摊、干过黄牛、卖过麻辣烫、睡过厂区地板，连续三年只在大洋桥地摊买衣服……但无论做什么，即便是洗碗拖地，秦桂枝也要在工作中洗到第一、拖到第一，就这样，她用这 5 年多存到的第一桶金：8 万多元钱极具前瞻性地购买了第一套房子，并付了首付，当时上海的房价仅 1500 元 /m^2 左右，由此实现了她来上海后许下的第一个愿望。

事实上，早在秦桂枝在上海为自己购房的前三年也就是 1996 年，她已然用 3 万元钱在老家为家人盖了一栋楼房，而当时，她每一顿的盒饭标准仅是 3~4 元钱。

再后来，在因缘际会之下，秦桂枝结识了现在的老公陈凯先生，也是她唯一的恋人，之后两人便顺利结婚、生子。而这期间最令人惊异的是，直到怀孕，从骨子里便闲不住的秦桂枝依然挺着大肚子每天在路边摆着地摊……

初崛起：美业脱颖显锋芒

生命不止，奋斗不息。

“坦率地讲，在我结婚之前干过的所有工作，其实都不是我真正渴望的，但无论哪份工作我都尽力做到了最好！因为我知道每一份经历的意义，即使那些事情并非我心底的最终方向。”谈到对工作的职业态度，秦桂枝如是回忆。

事实上，使人走向成熟的关键秘诀也正在于此：做好当下的每一份工作，对自己的每一段经历负责，恰恰是一个人深度自信与快乐的源泉所在。

那么，在秦桂枝的职场生涯中，有过内心迷茫无措的时候吗？

答案是肯定的。

基本上，是人就会遇到迷茫，区别只在于走出迷茫的时间长短不同而已。

2002 年前后，因为宝宝出生而休养在家的秦桂枝，每天脑海里想得最多的可能就是：我以后该干点什么？我又能干什么？我不能总摆地摊，又不能再回去做之前的那些工作，那我以后的方向在哪呢？……

褚时健曾有一句话，很好地形容了付出与收获的关系：一个人无论做出什么决定都有个因为所以，现在的一些启迪，一定是因为从前在这方面有所积累。

就在秦桂枝为未来苦苦思索而不得解之时，有一次，她偶然经过离家不远处的一家文峰美容美发店，心里莫名地感到紧张，因为从外面看里面非常有档次，这让她想起了自己工作过的那个无名理发店，简直没法对比。人就是这样奇怪，越不敢看，每次走过就越是想多看几眼，渐渐地她萌发了学美容的念头，要是能到这里上班，该多好？之后，她了解到文峰是全上海第一个实行美容美发一体化经营的美业，她还打听到在文峰有大量的学习培训，可以凭个人能力得到晋升，非常具有挑战性，这实在很符合秦桂枝的胃口！尤其是当她知道文峰对应聘的年龄要求并不苛刻时，秦桂枝的内心再难平静——毕竟，对于已经生过宝宝，成为大龄青年的她来说，这是自到上海以来改变命运的最好机会，哪怕要先花 4800 元去学习美容技术。

这一年，秦桂枝 30 岁，她的第一个宝宝已经 2 岁了。

这也是秦桂枝生平第一次为得到一份工作而特意付费学习，之后被分配到文峰的宜川路店。作为第一天上班的员工，30 岁的她被店内的几十个同事称为“大姐”——犹如初到上海时的豪情热血，一向喜欢挑战的秦桂枝再一次双眼放光，直觉告诉她：

“又来对了，而且来晚了！我一定要在美容业做出一番事业来！”她立刻郑重许下了来上海后的第二个愿望：要用最短的时间在文峰出人头地，成为店长。

为什么一进美容业便会两眼放光？这种感觉很难说得清楚，总之，刚到门店的第一天，秦桂枝便再一次定下了未来的发展目标：近期先成为同期入职的优秀员工，中期要做一个优秀的经理，远期要带着团队一起拿第一。

有一个细节，很能体现秦桂枝身处无名之时亦有的非凡魄力：

在一次内部培训中，老师对着上百号的新员工提了一个问题：“你们为何要走进美容美发行业？”

“是因为梦想。”秦桂枝起身回答。

老师随即追问：“这位同学你的梦想是什么？”

“过几年我也要开一家文峰。”秦桂枝再答。

老师没有打击秦桂枝，但接下来的话语中却透露着一些质疑：“那你知道开一家文峰要多少钱吗？50 万！你有吗？”

“我现在没有，但未来一定会有！”秦桂枝依旧不慌不忙。

这时，一个同学站起来又问：“秦桂枝你读过几年书，什么学历啊？”秦桂枝脸蛋微微一红，学历对她来说确实是个短板。还没等她回答，那同学又问：“能问一下你的年龄吗？”，“我今年 30 了！”——当这个回答一出口，人群中开始响起一阵笑声和议论之语。这一切，秦桂枝都看在眼里，但她不气、不恼，也不争辩，从儿时母亲离开的那一刻起，她遭受过的非议到今天早已习以为常，一向无畏的她只是在心里暗暗加深了对在文峰学习开店的决心。

你不坚强，谁会替你勇敢？你不学习，谁能替你充电？你不绽放，谁又会替你盛开？

梦想总是丰满的，现实也总是骨感的。到店后的秦桂枝很快发现，在学校里所学的和店里实际要求的并不完全一样，一个很现实的问题是她人虽然在岗，却没有客人能让她上手。就像做销售一样，在门店中也是有业绩才受人尊重，业绩不硬说话都矮人三分。但店里的老客人又都有熟悉的美容师，而每当有新客人进店，出于对服务品质和业绩的双层考虑，店长也是会优先让有经验的老员工去服务。这样一来，秦桂枝一天几乎服务不到客人，而没客人就没有成长，没成长就没有业绩，没业绩谈什么梦想？刚进店不久的秦桂枝每天的工作看起来不像是美容师，倒更像个倒水拖地的打杂保姆！但她并没有抱怨，也能理解店长，只是身处在这样一个尴尬的负循环中，怎样才能更快地实现破局呢？

秦桂枝苦苦思索着。

终于，她想到了一个看上去有些“离奇”的对策：

首先，秦桂枝连续 20 多天把老公陈凯拉到店里当她的第一个顾客来“练手”：从洗头到美容……“反正老公的头发总要剪的，养生也是要做的”，一段时间下来，秦桂枝的手法已经有了很大进步；再者，她诚恳地请求经理和店长在她服务顾客时，在一边对她进行观察，之后再给出指导意见；此外，秦桂枝坚持每天总结心得，回家后再拿老公练习手法，然后继续用到第二天的工作上，如此反复不息……据最早从文峰宜川店就跟随秦桂枝一路做到莱仪堂合伙人的徐红回忆：“秦姐当时每天都是第一个来，又是最后一个走，整个就是拼命三娘，她一有机会就上台演讲。只要公司有学习名额她也总是第一个报名参加，在训练中也从不叫苦叫累，即使每天只睡两三个小时，军姿一站也是一两个小时，她身边有很多人都受不了这份苦，最终放弃了训练。但是她说，过了这关我就挑战成功了，这点苦算什么？还不如我在老家时受的那些苦……”

依靠孜孜不倦的苦干和巧干，秦桂枝迅速在当时多达 60 人的团队中脱颖而出，在上手之后的第 2 个月就做到店内所有员工层的业绩第一，在第 3 个月结束之时，秦桂枝工装的肩膀上已是佩带两星的优秀员工！更有意思的是，每当店里有其他美容师的老顾客遇有投诉或退卡之类的难题时，店长的第一反应通常都是，不如把这个顾客交给秦桂枝去试试……

职场上，基于荣誉与竞争的原因，当一个人在未出名之前很容易被人忽视；而在出名之后，又很可能因为同样的原因而为人所妒忌。但这些问题秦桂枝却处理得游刃有余。

“那时在业绩和人际关系两方面都很过硬，有什么秘诀吗？”笔者问。

“这哪有什么秘诀啊，或许还是在于我愿意分享吧！”秦桂枝哈哈一笑，“那些要退卡却被我挽留回来的老顾客，我把服务权都还给了她们。”

“啊？自己付出努力得来的成果，最后又给了别人，不担心影响自己的业绩吗？”又问。

“不会，我觉得人是越有担当越能成功，越分享越快乐，就像小时候我端着碗挨家挨户去送糯米团子一样。”

在那不久后，秦桂枝就以优异的业绩及表现晋升为宜川店经理，又过了半年左右即破格提升到另一家店做店长，初步兑现了自己的第二个诺言……“在文峰工作的 3 年时间里，很感恩那段时光和那些经历。那时候每天都觉得过得好快，每天都很快乐，可能比现在（莱仪堂）还要更快乐……”一念至此，秦桂枝目光缓缓地看向前方，仿佛又穿梭回那段热血燃烧的激情岁月。

寻机遇：厚德载物绽光辉

从 2004 年起，带着对未来的更大期冀，在文峰已是店长的秦桂枝迈向了通向事业进程中的重要一步：以股东合伙人的身份与上海永琪董事长王勇先生经营合作，并谋划永琪在外地市场的开拓布局。

2004 年 9 月，依托过往打下的夯实基础和管理经验，秦桂枝正式接手了正处于亏损中的第一家永琪店面：宜川路店。此后近 6 年的时间里，秦桂枝不断为永琪在上海及杭州、海宁等地开疆拓土。到 2009 年时，她麾下已拥有 10 多家合伙门店，每一家均做到了令其他合伙人羡慕的盈利收入。

秦桂枝后来得出一个结论：员工的成功是通过实干与巧干；而领导者则是帮助团队获得成功从而成就领导人的成功——而在这一过程中，学习的主题无疑永不过时。

知识改变命运，学习成就未来。

早在文峰做员工时期，秦桂枝就极为珍视每一次学习的机会，即使是某些需要付费的学习，秦桂枝也始终相信与成长相比知识是无价的，对学习的投资是最没有风险的升值投资！等到成为永琪的合伙人，她更是带着麾下的店长一起到处学习听讲，数年下来，秦桂枝和团队所花的学习费用已达数百万。

“其实对管理者来说，不是员工不够优秀，是你有没有想办法让员工变优秀？也并非员工不爱学习，是你有没有让员工爱上学习？不仅是领导人要学习，领导人还要带着团队一起学习，然后再对学习的成果进行群策群力，将之转化。”谈到为什么能成长得如此之快，秦桂枝不假思索地开口道来。

除了学习，秦桂枝还极为重视门店各个环节的标准建立——每新开一家门店，从门面选址、装修设计再到人员培训……每个环节秦桂枝都坚持亲身检验，而在新店开业的前一个月，秦桂枝更是吃住在店里，只为门店能开得长久——尽管那时她已是公司的合伙人，本可以不再如此深入一线。

唯自助者方能胜人，唯厚德者方能载物。

尽管出身于农村且只读过小学，但不得不说，秦桂枝先成人而后达己的心性让笔者也佩服不已。

据徐红本人回忆："在永琪 6 年的合伙人生涯中，开店问题还在其次，人员管理才是最难的一个环节！因为秦姐盘下的每一个店要么是新开的，要么是接手已亏损到不行的。一个店五六十人，最少也要三四十人，十几家店共几百个员工，她居然都能一一关照到位：有的员工家里困难她就给钱，哪个员工父母来了，她要是知道了也给钱，而且亲自去接，还帮着买被子和洗漱用品。有时候，员工消极闹情绪了，她就去宿舍找其聊天，有时敲一两个小时也不给开门，她居然就那么耐心地等在门外。秦姐不想跟随在她身边的每一个人走弯路，有委屈她总是自己承受。身边的人只要心是正的，不管是买房买车，还是家人生病，她全都帮。她还曾经一次性借给一个员工 37 万的买房款，不要借条，不收利息，也不设还款期限。这样的例子，多不胜数……"

因为自己的人生曾有遗憾，秦桂枝不愿看到身边的人再留下这样的遗憾。

2009 年 7 月，始终没有忘记家乡的秦桂枝始专程返回故里，投资了数万元在村头的主干道上，修建起一条从小就渴望已久的光明大道，实现了她最早背井离乡之时就曾许下的诺言。

那年，秦桂枝刚好 36 岁。

小节回顾 ‖ 笔者总结

1. 及早走出舒适区。

生命的精彩不在过往的所得，而是向着未来理想的探索。尤其对年轻人来说，舒适区里的安稳让人沉醉，却在不知不觉间折断了绽放翱翔的翅膀。

2. 要立长志，不要常立志。

常立志意味着三分钟热度，其结果往往是常后悔。无论你的志向是否远大，在几经波折后，人最终要选择一条终身去走的道路，并为此矢志不移。

3. 既要苦干，又要巧干。

苦干是基于务实，能让人一步一个脚印；巧干是因为用心，能让人事半而功倍。人不愿苦干往往都是因为眼高手低，不能巧干却是因为缺少了自我总结与向先进者取经的心。

4. 领导者什么时候都可以身先士卒，就是领奖不可以。

一个敢于把光环和露脸的机会留给下属的领导，在员工心中才是最具有领导魅力的。对团队领导者来说，最重要的是团队上下一心，将士用命。至于台前的荣誉，那是留给员工的舞台。

第 4 章　峥嵘岁月｜排众议：虽千万人吾往矣

莱仪堂：逆流而上迎风起

从当初那个怀揣仅 35 元只身打拼上海滩的懵懂少女，到今天的“五子登科”，秦桂枝初步实现了人生中不可或缺的几项自由：财富自由、时间自由、心灵自由……

一直以来，构建一个全新的养生事业平台，成就更多像自己一样草根出身却心怀梦想的人，也见证最好的自己——这是秦桂枝一生的终极梦想，也是最难实现的一个梦想。这个梦想已经深埋于心底多年，但这种感觉从没有像现在这样清晰且强烈。

当你能飞的时候就不要放弃飞，当你能爱的时候就不要放弃爱，当你能梦的时候就不要放弃梦！有些认定的事若是没做，将来一定会追悔莫及，秦桂枝深谙此理。

然而，许多当时在秦桂枝身边的人，包括至亲、好友，几乎都不支持她这个决定，原因无它，一是彼时上海的美容业很不景气，在日益饱和的市场形势下，包括永琪在内的一些领军品牌都在采取关停并转的收缩战略，此时创业风险极大；再者，她们认定秦桂枝拥有的这一切得来不易，不该再像当年那样再去折腾——毕竟，对一个有家有子且将近四十的女人来说，稳定才是最好。不是吗？

当一个人踩在人生路上的关键节点时，总会听到不同的声音，而身处激流中的分叉道口，最重要的便是保持清晰的头脑，聆听自己心底深处的那个声音，才能做出最为冷静的决断。

“当时那么多人都反对您出来创业，他们的顾虑听上去也不无道理，凭什么您就觉得一定能做好呢？”笔者轻声而问。

让秦桂枝对创业成功坚定不移的信念，不仅源于从小时候“捡地皮菇卖钱”，到成为永琪合伙人这一路积累的商业经验，还来自她对养生业认真做过正反两方面的分析，以及多次的深造学习带来的自信。

所见所闻，改变一生。

从 2007 年起，秦桂枝开始不断地走进中国管理培训界的学习课堂，几乎参加了所有顶尖名师的课程。为全面提升格局修养，她还一个人去印度参加了为期数十天的闭关修行。

自从决定创业以来，对养生事业的模式定位一直是困扰在秦桂枝心头的一个问题。再开一家美发美容一体的综合店？秦桂枝认定这不是未来。那做专业美容？这好比在叶子上浇水，治标不治本。经过多方调研，秦桂枝发现许多有养生理念的客人对艾灸都情有独钟，艾灸不仅疗效独到，还是中医针灸中的重要疗法。艾灸最早可追溯到人类掌握用火之后的石器时代，可谓传统中医养生代代传承的瑰宝。而当时很多美容店对艾灸养生并不太重视，即便有，在操作上也不够规范。于是，秦桂枝又专门潜心拜师，去系统地学习艾灸文化与艾灸手法，再根据自己多年的经验以及对美业进行潜心分析，从商业模式、养生项目、运营体系、门店拓客……渐渐地，一个既不属于美发综合店，也非女子美容店，更不是按摩洗脚店，而是具有“秦氏”独特理念的艾灸养生蓝图在脑海中逐渐清晰起来。

“因为把好的坏的都想清楚了便不会太担心，所以在别人眼里看到的是危机，在我看来却正是大好机会。困难当然是少不了的，尤其是在我把永琪股份全部转出的时候，很多人都说我很傻，但只有我自己坚信这条路是可以的。”一言至此，秦桂枝投来一抹自信的微笑，优雅尽现。

“认准了，就去做，不跟风，不动摇”，这是百度创始人李彦宏总结其成功时的 12 字箴言。

英雄者所见略同，这也正是秦桂枝的人生信条，从少年时的独当一面到今天的总揽全局，只要是内心认定的选择，虽千万人亦往矣！

安亭店：星星之火可燎原

2010 年 9 月 19 日，上海，嘉定安亭。

这一天，沪上第一家以经络、艾灸为主体业务的专业中医养生连锁品牌“莱仪堂”终于横空出世。莱仪堂倡导“让养生成为一种习惯”，致力于向世人传播“创造健康，护理健康，享受健康生活”融入家居生活的全新养生理念，成为受人尊敬的专业养生引领品牌。

莱仪堂，“莱”字取自蓬莱仙岛，传说中成仙得道的去往所在；“仪”字寓意仪表仪容，秦桂枝希望团队能以最好的形象服务每一位顾客；“堂”字既是做人上得厅堂，做事又要堂堂正正。在安亭店开业当天，凝视着门头招牌上大大的“莱仪堂”三个字，秦桂枝眼角的泪花不能自已……

作为莱仪堂首家开业的旗舰门店，秦桂枝并没有将店面放在繁华的上海市中心市区，而是选在距离昆山几乎仅一路之隔的偏远小镇：安亭，员工只有 8 人。在这往后的几年，莱仪堂每一家新开的门店也都定在松江、嘉定、南汇等郊区，然后逐步往市区推进。

和大多数草根创业家一样，在莱仪堂起步的前两年里，她所面临的困难是难以言表的，无论你事先做了多少的功课，该来的问题一样都不会少——而每当这时，那些原本就反对的声音便再一次如巨浪般呼啸而来。

在一个几乎不被理解的创业环境下，之前合作的伙伴因为抗不住压力便一个个宣布退出，内部的波动更是直接冲击到了拓客的稳定。但门店每天的运营成本却是硬性支出，不断累积的财务赤字与人员的离职让她压力倍增……这与当初永琪合伙人的无限风光是远不能同日而语的，只有当过家的人才知其中滋味！

怎么办？

一个人想要收获最终的胜利，那么支撑其前行的核心力量必须源于自身！

秦桂枝深信，哪怕所有的人都放弃，只要自己还没倒下，那么所有的困难就终将一一克服！烙印心底的信念不允许她回头，事业梦想的召唤也不让她回头。在最困难的日子里，秦桂枝再一次展现了一如过往解决难题时的人格魅力和意志力，她发动老公、弟妹一起吃住在各个门店，与剩下没走的核心员工没日没夜地工作在一起、总结在一起、改善在一起，甚至亲自上阵为顾客服务——这不仅是为给员工树立榜样和信心，更源于她对养生事业的一份热爱！此外，秦桂枝还要求团队成员要像她一样，对每一位做完项目的顾客都要询问其服务体验与反馈建议……无论顺逆，对于经络艾灸是养生业的未来趋势，秦桂枝一直深信不疑！就这样，安亭店在开业后的半年最先扭亏为盈，其后龙柏店、南九亭店、北九亭店、志丹店等后起门店也相继开始盈利，效益的转变也带动了团队的稳定，创业以来的最危险局面终于渐渐迎来曙光……直到今天，但凡每一家新开的门店，从装修阶段一直到门店管理，秦桂枝仍然保持时常巡店的习惯。

“人只要肯下功夫，这一路上就没有解决不了的事情，只有解决不了事情的人。”秦桂枝如是感叹。

到 2019 年 5 月，莱仪堂在全上海已拥有了 39 家相当成熟的门店。更让竞争同行都感到惊讶的是，无论这期间美容养生业的外部环境和竞争格局发生着怎样的变化，甚至许多公司的门店都在关停并转，而莱仪堂，在这 10 年的发展中不曾关停过任何一家门店。

行大道：生命不止永不息

红顶商人胡雪岩曾说：如果你有一县的眼光，你可以做一县的生意；如果你有一省的眼光，你可以做一省的生意；如果你拥有天下的眼光，那么你就可以做天下的生意。

莱仪堂在上海的深耕细作，显然只是秦桂枝终极梦想的第一步。

一个要把养生事业做成百年品牌的人，数年光阴也只是弹指一瞬。一个眼光布局在全国的企业家，一个城市就只是一枚棋子。而无论是全国布局，还是百年远景，人才的复制与输出无疑是根本性的前提。未雨绸缪的秦桂枝深知在整个服务连锁业中要想做强、做大、做久，其中最难的一环并非门店的复制，也不是产品的复制，而是人才与文化的复制！而那些曾在商海大潮中盛极一时却最终被浪潮淹没的企业，多数都与人才和文化的凋谢有关。

那么，莱仪堂在发展的路上又要如何避免这类的危机呢？这正是秦桂枝一直未雨绸缪的思索。

作为投资学习的长期受益者，秦桂枝深知组织学习力就是企业的竞争力。除了继续从上到下带着团队走出去学习，秦桂枝还特别注重内部学习氛围的建设，尤其是在知识分享这一块。作为公司最大的首席知识官，秦桂枝每次一有新的心得灵感，就会及时分享给店长、主管这两级的领导，并要求店长在平时的门店管理中坚持落实读书会的提升和分享机制。而在公司每个月的大月会上，除了各式各样的激励表彰，还会由各店长推荐表现优秀的员工上台分享。对于每一批新进的员工，秦桂枝则通过“大家长文化”手把手地去教她们设计未来 5 年的职业目标规划……如此放电与充电的循环，不仅显著提升了员工成长的能力和速度，也较好地统一了管理层的思想共识。

但秦桂枝仍然觉得光靠这些还远远不够，远不足以支撑莱仪堂对未来全国市场的核心竞争力，更难以为百年老店的伟大梦想而保驾护航。

从 2018 年底开始，秦桂枝从外部聘请了专业的导师团队，并整合了公司 1/3 以上的精兵强将，倾力共建“卉锦培训中心”一整套的知识体系、教育体系以及运管体系。一边系统性地萃取公司已积累多年的知识、手法、经验以及企业文化，一边打造自己的内训师队伍。经过近两年的潜心打磨，卉锦培训中心先后两期训练并认证了 35 位内部讲师，研发了超过 28 门公司发展急需的系列课程，后续新课仍在不断研发之中……

2019 年 6 月 15 日，作为对全国市场布局的第一步，秦桂枝酝酿已久的艾灸养生第二品牌“升艾堂”宣告成立。随着升艾堂牡丹江旗舰店、平型关路店、金沙江店等门店陆续由开业到快速盈利，一个以莱仪堂直营平台底蕴为背书，以升艾堂作为全国裂变式加盟合作的运营蓝图，至此清晰展开。

展望不久后的未来，秦桂枝心中豪情满怀：在未来的 5~10 年里，升艾堂将在全国 30~50 个大中城市遍地开花，把爱与健康传递到千家万户，同时成就中国艾灸养生第一品牌……

生命如花，活着时就应芳香他人，即使终会谢幕，仍为世界留下了最后一瓣美好！

而无论穷苦还是富贵，秦桂枝从未忘记感恩他人、成就员工以及回报社会。

当初，莱仪堂在刚刚扭亏为盈之时，秦桂枝就把自己用心血做起来的，如今已是最赚钱的几家门店股份一一分给了追随她的员工，只为回报信任、成就她们。此外，在上海房价疯狂上涨的那几年，她察觉到房价还会继续增高，便开始引导管理层提前买房，钱不够她就先行垫付。有一个细节读来令人感动：在已买房的所有高管中，百分之百的买房者都是秦桂枝开车亲自陪同看房、共同敲定的。现在，莱仪堂上海 39 家门店的管理层中，基本都已实现了有房有车的初步梦想。

在秦桂枝身上从小至今的大爱精神，也使得她在取得一个个事业成就的同时，也赢得了包括团队的归心、顾客的赞赏及至同行的赞誉。

有大梦，就要敢为；行大道，就要敢当；怀大爱，就要敢舍。

一如秦桂枝在内部经常分享的一句话：我们去坚持一件有意义的事所能得到的最好奖励，就是我们曾经做过这件事情。

2020 年 2 月，一场突然袭来的新冠病毒如洪水般无情肆虐在中华大地，看到新闻上每天不断新增的感染人数，秦桂枝非常难过，她又回想起了自己一家人是如何在政府不断的救济下生活的，又是如何一路成长到今天——深刻于骨髓中的感恩意识与社会责任感让她明白，在这个时刻，无论自己的能力如何都应当为社会去做些什么！

早在疫情暴发初期，秦桂枝就高度重视起内部的防疫管控工作，并时刻安抚团队的军心，疫情的持续对她造成了重大损失和影响：39 家门店全面关停、400 多名员工的在家休业，但秦桂枝依然毫不迟疑地宣布公司不会降薪、不会裁员，全体员工带薪休假，并立即决定个人捐出 50 万、连同号召团队共同筹集到的 10 万，总计 60 万元的善款火速支援到湖北十堰市疫情防控指挥部，用于政府采购医疗物资和疫情的救治工作。在需要举国共克时艰的情势下，作为一名普通的国人和民营企业家，她和莱仪堂的团队在国家需要之时贡献出了自己的一份力量。

“困难永远是暂时的，疫情定能很快过去！国难当前，舍远比得更充实，也更有意义。”面对采访，秦桂枝以她朴实无华的言行生动诠释了何为生命不止、奋斗不息……

2020 年 8 月，秦桂枝鼓舞人心的传奇故事光荣入选中央电视台 CCTV 老故事频道《匠心》专访人物栏目，这无疑是对她十年磨一剑且极度热爱事业的企业家情怀所给予的最好嘉许与肯定！砥砺前行鸣号角，复兴圆梦又征程，也正如《匠心》栏目组在喜报中为秦桂枝所题的评语：“极致的工匠精神，支撑着在追逐梦想的旅程中稳步迈进，用一生，做好一件事！”

到 2020 年结束，秦桂枝就将走过人生的第 47 个春秋——但是，对一个正行走于巅峰大道上的生命来说，一切才只是刚刚开始。

小节回顾 ‖ 笔者总结

1. 除了自己灵魂的声音，前方的道路没有谁能一直做你的向导。

激流而进者勇，激流而退者智。有时候，在你人生路上最关键的时刻要怎么走，只能依靠内在声音的指引。这是因为，即便是我们身边最亲近的人，也无法代替我们做出最正确的决定。

2. 能对即将做出的决定永不后悔时，才可以下决断。

每个人来到这个世上，都负有独特的使命，但这使命却不是轻易可寻。一些人终其一生没能找到，还有一些人找到了却没能坚持。如果你对未来可能出现的风险没做评估，那就说明你并没有做好准备。

3. 有大德者有大得，有大爱者成大梦。

如果因为你的成功，能够因此惠及至更多的人有所成就，那你的这份梦想就一定可以实现！这是因为，有多少人愿意托起你，将决定你梦想所能达到的最终高度。

第 5 章　对话职场｜智慧心：半生感悟尽分享

应以长远的眼光对待当下的决定

问：一个人想在职场上获得成功，需要做好哪些关键点？

首先，这个人要对自己即将从事的行业是比较了解的，要尽可能地去提前做好功课，这就叫选择比努力更重要。再者，当已经进入了某个行业之后，一定要对这个行业非常热爱，这是必需的。热爱与否，会体现在他每天对工作的认真、用心、投入的精力上。唯有做到这些，才会体会到工作的乐趣，最后才能有一个好的成果！反过来说，如果体会不到因为在工作中成长而带来的那份乐趣，久而久之就会觉得没有干劲，积极性没了，就会生出许多的抱怨。在任何一个行业取得成功的人，他们都能享受到工作的乐趣，这就叫干一行爱一行。

最后，怎么样才能爱上自己选择的行业呢？要有老板一样的思维和心态，要有长远的眼光，要看三年后、五年后。主人翁思维不是说你当了老板才是主人，任何时候你都是自己命运的主人，而员工在职场发展的好坏往往都是跟企业好坏息息相关的！你当员工时当不合格的员工，做主管时又做不合格的主管，却还总想着能当个好老板，这不是一件很可悲可笑的事情吗？往往一个有长远眼光的人，一定会发现当下沉淀的一些苦难并不算什么，而恰恰是在积累成就自己的未来资本，这样他才能愿意脚踏实地地去做好当下的每件事。

问：假如您遇到一个完全没有经验的年轻人不知道该如何选择，有什么建议给他吗？

现在的确有很多年轻人，在选择工作时并没有经过深思熟虑，只是为了一份工作，或者说为了增加工作经验而工作。然后就是东晃晃西晃晃，这样换来换去的结果很可能就是自己也不知道到底喜欢什么？即使找到自己喜欢的，也会因为各种原因难以坚持。所以，特别是刚毕业不久的年轻人，在选择之前一定要经过分析。比如说，对这个行业的未来是否看好？做这行是否符合自己的价值观？还有就是，进这个行业能否实现自己想要的目标？在这里顺便多说一句，年轻人一定要学会给自己做职业规划。不要相信“计划赶不上变化”之类的话，你连对自己的计划都不肯花心思，又怎么能指望赢得未来呢？

问：秦总，当“梦想与现实有冲突”之时，是要“勇敢坚持”，还是该“学会妥协”？

学会坚持与学会妥协，其实都是人一生中必须学会的两大课题。在我看来这两者并没有矛盾，你去坚持一样东西，是为了实现梦想；在一些特定的时候你选择妥协，也是为了最终实现梦想。也可以说，坚持是一种信念，妥协只是一种暂时的策略。所以，你选择的平台很重要，因为平台就意味着你奋斗的环境，意味着你跟什么样的人在一起，也只有一个好的平台，才能承载起更多人的梦想。

所以，人无论是坚持还是妥协，本质上来说，其实都是为了能更好地去实现最终的梦想。

问：如果一个员工的行为与公司价值观不符，但业绩很优秀，这时候您会怎么办？

我认为不管在哪里都有它的游戏规则，功是功，过是过，有功时奖，有错时罚。在管理上这两者要截然分明，不能混为一谈，否则对企业、对员工都是双输的，尤其不能因为某一个人而影响一群人，否则这个头一开，以后将很难说服其他人。当然，这还要看这个员工具体做了什么违背公司价值观的事，假如他品德很好但犯了一点错，那包容和理解都是可以的，人无完人嘛。但每家公司都有严禁的“天条”高压线，如果是犯了这样的错，那毫无疑问，能力再强，业绩再好也是不能姑息的。假如还违反法律的话，那就不仅仅是开除辞退的事了。

问：那有没有这样一种情况：该员工本身犯的错误够不上辞退，但却必须通报处罚。然而员工难以接受处罚要求辞职。这时候您会不会批准呢？

这首先是沟通的问题，也就是在处罚之前要让员工知道处罚的结果，你不能在处罚后，员工闹情绪时才和员工沟通。换句话说，员工能不能接受处罚要看他有没有意识到自己所犯的错误，如果他意识到了就不会有要走的想法。当然，沟通无果的情况下，假如他还是要走那就走好了，顾客合作的核心是因为看中公司的产品和服务，而不是某一个员工。

而且我相信，员工如果就这样走了，他以后也一定会后悔，他在下一家公司这类问题也还是会遇到。

问：当今“90后”和“00后”的员工，很多都是含着金钥匙出生的，他们对金钱和梦想也许并没有太多的渴望。这类员工您公司有没有，又是怎样激发他们的内在动力呢？

首先，莱仪堂的员工绝大多数都是“90后”和“95后”。就像员工选择平台，企业选择员工也是一样，你要会选，“80后”中也有很懒惰的，“90后”里也有很用功的。虽然“95后”的员工中，确实不乏很多对金钱的欲望并不大，梦想可能也没那么强烈的员工，但渴望出人头地的“95后”员工也是大有人在的。而且年轻人的可塑性最强，关键是领导人要善于引导。

问：如何去引导呢？

关键点，先要让他知道：你可以不喜欢钱，那在这个团队里你想不想成为被领导喜欢、被同事尊敬的人？那就要有责任感、有奋斗精神和感恩心。比如说责任感，首先就是要先学会独立，今天你靠父母，难道等你成家了还继续带着孩子靠父母吗？那不是在害家人嘛。再比如：奋斗精神，父母亲今天拥有的这一切又不是天上掉下来的，难道不是因为他们在年轻时奋斗的结果吗？那为什么你的爸妈年轻时能奋斗，轮到你就要依赖爸妈呢？其实父母在内心里谁不希望自家的孩子能给自己增光？因为子女在社会上取得的荣耀本身也是父母的荣耀！而且你要告诉员工富不过三代，要让员工有一种危机意识。最后一个就是感恩心，父母给我们的、社会给我们的，无论是多是少都能拥有一颗感恩之心！因为人就是这样，越感恩越有好运，越抱怨就越贫穷。

问：现代职场竞争激烈，竞争到一定程度甚至会演变成办公室政治一样的明争暗斗。在利益和荣誉面前，人们往往宁可争得头破血流也不愿吃一点亏。那么，在职场里讲“吃亏是福”这句话适用吗？

从人性本身的角度来看，“天下熙熙皆为利来，天下攘攘皆为利往”；从自然法则的角度来说，“弱肉强食，优胜劣汰”。所以竞争从古至今在每个时代下的环境都有，并不单独在职场里，应该说正是有竞争才有了（人类世界）的进步。只是，利益有长短、大小之分，有些人两眼只盯着眼前的小利，结果得不偿失。俗话说，“吃亏是福”。懂得“吃亏是福”会走得更加长远，无论是职场还是商场里，这也是“舍与得”的关系，不舍不得。

问：今天是一个知识爆炸的时代，同时也是一个充满诱惑的时代；在奋斗的路上，作为员工要如何才能识别与抵挡诱惑？上级领导又应该在这个过程中（为员工）做些什么？

诱惑这东西在任何时代都会有，当然今天更多，所以懂得自我克制才显得更为重要。比如说网络游戏，很多成功者可能一辈子都不愿把时间消耗在那上面，而能轻易被游戏沉迷的员工说明他心里其实没有重点，才会把游戏当成了重点。比如这个员工在遇到成功时，可能会说应该打打游戏犒赏一下自己，遇到失败时又会说打打游戏来调节一下压力，甚至在平淡时也会觉得闲得无聊干脆打打游戏。

作为上级，你只要观察员工平时上班的状态表现，就知道他私下的时间有没有用好。比如：当一个员工白天无精打采，要么是心理状态有问题，要么就是时间管理上出了问题。这个时候，特别是直属上级的及时沟通就显得非常重要，你要跟他算下人生时间的总账：年轻就那么几年，现在这样玩，那3年以后呢？10年以后呢？会不会后悔呢？

还有就是，作为管理者自身的榜样力量也特别重要！上梁不正下梁怎么会正呢？你是什么样的言行，他就会有样学样。

问：秦总，正如您所知道的，环境对人的心智影响是很大的。假如一个人他很想改变，但身边的很多朋友都不爱学习，生活散漫，他要跟过去的朋友划清界线吗？这样会不会显得自己不合群呢？

这个还是要看他有没有下定决心。一个人真正想要去做成一件事情，一定要做好不被理解的心理准备。就像我刚开始创立莱仪堂时，包括我老公、弟媳在内的亲人，不理解甚至不认可的声音其实很大，他们认为我的选择是错的，只有我自己知道从长远来看这样做是值得的，也是必需的！只是，需要花一些时间代价去承受这个过程中不被认同的痛苦，尤其是在你还没有成功的时候。

问：那个过程一定很难受、很难熬吧？

是的。但当你认定了一件事情并去坚持时才会发现，在你饱受煎熬的时候才会感受到“使我痛苦者，必使我强大”这句话的含义。所以，你对成功之后的画面感要很清晰，因为这个画面感会赋予你力量。我做员工的时候，就一直不断地想着自己做经理时是什么样，做店长时又会是什么样。这样才能抵消其他杂音的干扰和外来诱惑，因为那个时候没有人会和你同频，内心如果不够坚定，孤独感便无法摆脱，最终一定会影响到你的信心和坚持走下去的动力。可以很坦率地告诉你，这一路走来，我经历了无数的孤独，没人相信，没人同频，到处都有问题，四处救火，但我知道，既然这个路是我选的，我就要承受这一切。

问：在您最难的时候，真的没有过动摇或放弃的想法？

从来没有，可以说越挫越勇。这是我这一辈子最自信和自豪的地方。人要战胜的最大敌人就是自己，当你最孤独无助的时候，最可靠的人也是你自己。如果你自己都动摇了，还有谁能拯救你呢？我有时候就在想，如果不是我对梦想的坚定，而是经受不住诱惑而放弃，估计我现在早就活不起，坟头上都要长出草来了；而如果我在一遇挫就生气或抱怨，那只怕此刻我坟头上的树都得长出很高了。

学习力是一个人最能保值升值的投资

问：假如一个员工平时不爱学习，也不愿意在学习上投入时间，但他现在的业绩却很好，您对这样的员工怎么看？

这种类型的员工业绩能做好一时，但肯定不会持久。他现在业绩能做的好，当然有他自身的原因：比如口才、努力甚至也包括运气等。但如果只有努力而不重视学习，不仅会事倍功半，而且很容易故步自封而走入极端，口才越好反而越固执己见，最后被社会淘汰是必然的。因为学习是根，学习力才是一个人的竞争力。至于运气更是一时的，所以这样的人如果不肯改变，只能控制使用但不能提拔重用，因为他本身不愿改变且意识不到自己的问题，也不可能具有教导别人、复制他人的能力。

说到底，求知如渴地投入学习是一个人最能保值升值的投入。

问：您经常带着管理团队去各处学习，不怕她们学成之后会跳槽，又或者您把她们培养起来了，她们又被人挖走吗？

这个我从没担心过。团队学习的效果远大于个人学习，而且一起学习也更有利于统一团队思想。员工是懂得感恩的，她思想提升了、能力进步了才能在工作中创造更多的价值。如果你因为害怕员工离开而不培养她们，那谁的损失更大呢？你不去培训她，她的各方面得不到提升说不定走得更快；即使没走，对你企业的作用也不会很大。说到底，这是关于人的格局和眼界的问题。

问：您有没有想过去挖别的同行的墙脚？

对挖我墙脚的同行我不排斥他们，但我自己从来不做这样的事情。我觉得能用钱挖来的员工也不能重用，她今天能因为钱被挖到你这边，明天会不会也被其他人用同样的方式挖到另一个地方呢？

问：秦总是从什么时候有打造卉锦培训中心的想法的？是基于什么样的原因呢？

建立企业培训中心，其实早在三年前就有这个念头了，因为我是学习的受益者，在做管理最迷茫的时候是学习让我打开了眼界，在我最困难的时候也是学习给了我启发，我自己就是学习的受益者，所以我知道公司要长远发展就必须要复制人才。要复制人才，就要有个企业内部的培训中心。只是那时还没找到合适的机会，门店数量也还有点少，就没把这件事排在首位。现在莱仪堂已有将近40多家分店了，学习氛围也比较浓厚，第二品牌升艾堂也开始推出，我感觉到现在正是打造企业培训中心的时机。

问：问个可能有些尖锐的问题：对于您培养起来的优秀员工，如果有跳槽甚至他想自己出去创业想法，面对这类员工您通常会怎么做呢，会支持他吗？

跳槽的员工有很多啊，人才流动我认为是再正常不过的事情，我自己工作的时候也跳槽过。不同的是，跳槽的结果有好有坏，这些年从莱仪堂走了出去后悔又想回来的人也有不少，其实当老板真正要想长久地留住人才，核心还是在于把公司变成平台，变成一个可以成就更多人梦想的平台，这也是我们一直引以为傲的地方。在公司内部流传最多的一句话可能就是：如果你没有梦想，莱仪堂帮你找到梦想；如果你有梦想，莱仪堂帮你实现梦想。

问：秦总，您觉得公司里要想提拔晋升某个人，最重要应该看他的哪些方面？

哦，这个（把关）很重要的！首先是品行要正，因为当别人的领导和领导自己是完全不同的，你必须能服众才行。而要让别人信服的前提就是你的人品必须要正，其身正不令而行，其身不正虽令不从。其次是态度，这里我说的态度更多的是看他的责任感，人品正是做人方面的，责任心是做事方面的。在这两个前提下，我们再来评判这个人是否具备某个领导岗位的胜任能力。如果只是能够胜任，但没有前面两个条件，我觉得这个人都不能（提拔）重用。当然，光是人品正、有担当也不够，人员晋升必须要以上三点齐备。

问：假如一个人已经被提拔，但最终却没有能够做好，对这样的人应该怎么处理？

首先这种（提拔了又不能胜任）的情况要提前规避，多数情况下也是可以避免的，无论是在决定晋升他之前的评估，还是在他管理中出现问题的及时纠正。因此，领导者对于任何人的提拔都应该有一套严谨的、审慎的晋升机制，只有综合能力达到公司要求的人才可以，管理者尤其不能被亲情、人情所左右，因为被提拔的人的成败也关乎着你的成败。

假如，真的到最后发现这个人已经无法胜任，也要对他尽力挽救的。要么送他去学习领导力的相关知识，要么先与他进行沟通，让他愿意降级再次从员工做起。当然这个事情了结之后，领导者不要忘了也反思下自己（识人的眼光）。

问：提拔一个中层管理者，跟提拔一个高管，这两类职务晋升时的考评有什么不同？

那肯定有不同之处的。中层叫管理者，而高管就是领导者了，领导和管理还是不一样的。有句话叫管理是一门技术，而领导则是一门艺术。具体来说，中层管理者只要把团队带好，把业绩做出来就可以了。但高管要有更高的标准，因为选拔高管等于是在选择你的左膀右臂。因此，高管的选拔首先要看“三观”，比如要看他跟公司的价值观合不合，跟你未来的经营理念合不合，这和人品是两回事，人品正不代表三观合。其次，高管还要具备组织规划能力和洞察能力等等。比如，对市场发展的规划、对作为管理者下属的职业规划能力，还要教导下属做好员工的发展规划。在工作中，高管要能比一般管理者先洞察到未来可能出现的问题，并提前做好布局。这就要求高管也要有缜密的思维和判断力。所以，其实对管理者来说只需要独当一面即可，但高管是需要能纵观全局的。

问：在职场中，有员工看到比自己更年轻、入职时间也更短的人，却当了自己的领导很不服气，以致工作受到影响。这种情况下，作为主管和员工这两方当事人，分别该如何做呢？

我理解你说的意思，职场上这类情况还是会有的，这也正是考验当事人智慧的时候。作为员工一方来说，首先不能抱怨，更不能借资历随意耍性子，那是在搬起石头砸自己的脚。作为员工应该思考：他为什么能成为我的上级？公司为什么要提拔他？他的思想、学习力、创新力、领导能力、胸怀格局是不是比我更强，更适合担任这个岗位？要善于发现上司的优点，要坚信公司提拔每一个人一定有这样安排的道理。而作为新上任的主管，这时候也要注意对老同志的尊重，尤其是公开场合，虽然说新官上任三把火，但“烧火”是对外部的，而比“烧火”立威更重要的是先做好班子的团结，私下的沟通很重要。此外，领导者在关键时刻一定要以身作则，自己先做好榜样，才能要求老员工在其他新员工面前做好榜样。

总之，在任何情况下都不能在内部搞对立、搞分化。老同事并非没有能力，也并非不可用，善于用好老同事，发挥他们的带头作用对团队的凝聚力和战斗力都是非常重要的。

问：秦总您出身草根，白手起家创业一路到今天拥有莱仪堂这么优秀的事业，您认为自己是一个成功者吗？在您的心中，又是如何定义成功的呢？

对每个人来说，成功并没有一个标准定义，成功更不是拿钱来衡量的，不是百万千万或者亿万身家就叫成功。对我而言，我认为自己还是不够成功的，尽管以前的我所设想要达成的一系列目标都已经实现，但那些都是过去的事了。我现在又有了新的长远目标，让我觉得过往的小成功都只是在为将来打基础，我理想状态下的成功，就是能够通过莱仪堂这个大的平台，用毕生精力去帮助、复制更多像我这样的人，帮助他们实现人生的蜕变。至少我要能成就100个以上！1000个人更好！我想，到那个时候，秦桂枝这一生才能称得上成功吧。

问：秦总是一位相当低调与讲求实干的企业家，是什么原因，让您欣然接受本书的采访？

那是因为我深深知道这件事情的意义和价值，授人以鱼远不如授人以渔，教育对一个人身心影响所带来的力量才是无穷无尽的。就像乔老师你所说的，如果能用我们这一路所经历的成长历程和感悟，给今天职场上许多心怀梦想却总是碰壁的年轻人，给他们以指导、信心和力量，那我会觉得这是一件非常开心的事情。

在我们公司也是一样的，每当看到很多员工因为在莱仪堂获得了成长和成就，在上海拥有了更为体面的生活，以及他们在台上表达感恩的时候，每次都让我很感动。我们通过一个共同的事业平台，让无数的人找到了人生方向、目标和希望，同时，她的改变又在无形中影响了更多的人，让一群人少走弯路，这种人与人之间相互正向影响的感觉，让人很享受，这也算得上是在为社会做出一些贡献吧。对一个已经不愁吃穿的人来说，还有什么事情，是比育人、助人更有乐趣和有意义的呢？

The 2nd Chapter

第二篇

对话郭连涛：伟大的事业需要用心选择与守护

人生，就是一次次选择。

小到每一天吃饭睡觉，大到一辈子的事业家庭，我们几乎无时无刻不在面对着选择：越处在重大命运的十字路口，就越需要用心才能做对选择。

一个人最终要走的最远行程，绝非任何人的套路，而是能直面大好人生，活好每一个当下的生命之路。

人物
简介

郭连涛

杭州畅众环保科技有限公司	董事长
三只喜鹊全屋定制品牌	联合创始人
火星人集成灶、北疆硅藻泥	核心合作伙伴
浙江省建筑装饰行业	青年榜样

2013 至 2020 年连续 8 年蝉联火星人全国第一

第 1 章　初悟事理｜家风善：但求荣耀父母心

圆使命：人间何处不芳华

水滴石穿，聚沙成塔。

在美丽的杭州城，有一座名为新天地商务中心的甲级写字楼，白天此地车水马龙，晚上却又悠然寂静——每当夜幕降临，站在 8 楼的天台之上举目远眺，杭州的夜景美不胜收，惬意之情总令人流连忘返。

而这里，也正是本篇主人公郭连涛一手创立的杭州畅众环保科技有限公司的总部所在。

今天的畅众公司，已是一家有着 300 多人的专业团队，年营业额过亿，旗下经营与服务的领域包括：火星人集成灶、火星人整体厨房、北疆硅藻泥、三只喜鹊全屋定制、众源灯饰等多元产业，志在打造国内最健康、最环保家居生活为发展方向的股份制企业。

作为公司创始人、董事长，“80 后”的郭连涛自小便传承了山东大汉的刚毅果敢、朴实乐观。

在郭连涛办公室正后方的背景墙上，悬挂着一面由浙江省建筑装饰协会会长亲笔手书的“畅和利众”书法匾额，代表着公司“畅和利众、只为健康”的奋斗理念。而在另一侧的茶几背后，草书体的“有容乃大”四个大字则在时刻提醒着他，企业家应当具有“海纳百川、包容万物”的为人胸怀——正是在这些嵌入骨髓的价值观的指引下，郭连涛率领团队多年来一次次地向新目标勇敢挑战，不断刷新着由自己创造并保持的行业纪录：从 2012 年正式加盟火星人开始，第 1 年开店布局，第 2 年拿下全国县级第一，第 3 年起已连续 6 年蝉联火星人地级市全国排名第一，在全国多达 2000 多个经销商同行的超激烈竞争中，至今无人动摇。

业绩上的持续增长，为公司带来的不仅是倍受尊敬的江湖地位，也吸引了越来越多的优秀人才的主动加入！甚至有从千里开外的河北等地慕名前来投奔的专业人才。

正如郭连涛在“畅众培训中心”的一次培训会上所分享的：“畅众今天在做的并不是一单单的生意，而是一份持久的事业；不仅仅是一份事业，更是用匠心在经营一个共创、共赢、共享的平台。”

是的！匠心，匠心，依然还是匠心。

唯有具备工匠般的心性沉淀，才能领悟十年磨一剑、功到自然成的智慧真谛，才能在人生前进的狂风浪潮中辨真伪、识优劣、知轻重、明取舍、善进退、成大功。

事业上的真谛如此，生活中的意义亦是如此。

启心智：父慈母爱如江海

山东，先贤孔孟的故乡所在，自古便是文人骚客汇聚、英雄志士辈出之地。

37 年前，在山东省聊城冠县的万善乡西元坊村降生了一名男婴。身为当地小学教师的郭子顺对这个儿子喜爱之极，脑海中不由得浮现出“春江潮水连海平、海上明月共潮生”的诗句，遂为儿子起名为：连涛。

父慈母爱如江海，不怒而威严自来。

在中国，大多数家庭的父母或许都是一慈一严，对子女犯错时的教育也往往是“一个唱红脸一个唱白脸”。但郭子顺一家却有那么一些不同，在郭连涛对整个幼年的回忆中，即使在他最顽皮的时候，父亲郭子顺和母亲董庆娥也没打过他一次。

然而令人称奇的是，这丝毫不意味着小时候的郭连涛不害怕父亲。相反，只要郭子顺一个严肃的眼神丢过来，小郭连涛便会吓得立马乖乖地听话照做。

“那，当时为什么会这么害怕父亲？父亲又没打过你。”笔者笑问。

郭连涛回答道：“确实很怕，更准确地说是一种敬怕，是缘于从骨子里对父亲的尊重和敬爱，害怕自己让父亲生气。”

在任何一个家庭中，父母言行熏陶下的身教力量对孩子性格形成的影响都是至关重要的。

长期的耳濡目染，让郭连涛愈发地体会到父母的不易，并逐渐激活了他心底那颗要为父母争光的坚实种子，而正是这颗种子最终促使他在 14 岁那年坚决辍学随即开始只身独闯北京的一段成长故事。

在 8 岁那年，郭连涛第一次学会了淘米下锅、炒菜做饭……在这其中，最让郭连涛感受到成长与成就感的，则是在 10 岁时陪同父亲一起赶着驴车，去周边各村叫卖自家种植的一些蔬果——这是郭连涛平生最早感受到“做生意的收获与乐趣”——冥冥之中，似乎也由此为他铺垫了未来与经商之路所结下的不解之缘。

实际上，这段“赶驴车卖蔬果”的经历真正为郭连涛带来的重大意义并非获利的多少，而在于视野上的开阔、性格上的开朗以及心智上的开启——在这一连串吆喝卖菜的过程中，他首先学到了一句至今仍然受用的处事哲言“吃亏是福”，即：永远不算小账、不占对方便宜、买卖以和为贵——只要是对双方有益的、有价值的宁愿自己多给一些或多付出一些；其次，10 岁的郭连涛面对陌生的大人也不再紧张恐惧，反而能在很短的时间内和对方接上话头，善于聊天的优势无疑为他日后在销售生涯中的一鸣惊人奠定了基础。

此外，经此次的锤炼，郭连涛的小嘴变得特别甜了。从村西头一路走到东头的上学路上，郭连涛可以说逢人必叫，不管迎面走来的是大爷二娘还是三姑四伯，以至于小小年纪的他便成了全村大人经常夸赞的“小名人”。

离家行：童工只身赴首都

万物有长必有短，诸事有利亦有弊，物极则反，暗极则光。

在郭子顺和董庆娥的心目中，两个儿子的懂事和贴心是他们这一生的欣慰，尤其小儿子郭连涛更是二人心头的骄傲——在长达 10 多年的家庭生活中，这个儿子几乎没有做过令他们特别担忧或恼怒的事情。

只有一件事情例外。

就连多年以后的郭连涛自己也不得不承认：那可能是他记事以来唯一一次因半途而废留下的遗憾。

1996 年春节刚过，才读完初一上半个学期的郭连涛决定就此辍学了！

任凭父母如何晓之以理，刚进入青春期的郭连涛已经放飞的心再难收回，他对爸妈说得最多的理由是：“我一走进教室就头痛难忍”，而“怒其不争”的郭子顺给他的回答则是：“那你将来就要自作自受！”——这是父子俩人关于上学话题的最后一次对话。

在郭连涛看来，考大学将来拿铁饭碗并不是他最想要的出路，即使考上也只是得到一份稳定的工作，却并不能为家里真正地改变什么——关键也就在这里：在通过卖菜比同龄人见了更多的世面之后，郭连涛觉得稳定不是自己的目标，闯出一番名堂来荣耀操劳半生的父母，才是他最迫切想要实现的结果。

辍学，的确是尚未成年的郭连涛生平为自己做出的第一个重大抉择——是放弃，也是新的开始。正如父亲告诫他的：你选的，你负责。而对于将来，郭连涛其实没有恐惧，也并不迷茫。相反，“天高任鸟飞，海阔任鱼跃”，此时他心中燃起的，是对未来前所未有的希冀和畅想。

90 年代末，国家改革开放的进程已经进行到第 20 个年头，不仅城市日新月异，农村同样也蓬勃发展。

郭连涛依稀还记得，自己家当时是全村第 5 户购买电视机等家用电器的人家，而荧屏中播放出的各种花花世界以及席卷全国农村的打工热潮，无时无刻不在冲击着他那颗早已蠢蠢欲动的少年心。

1996 年底，一个包裹，一张车票，一个少年怀揣着对未来的无限憧憬和父母的千叮万嘱，就这样义无反顾地开启了人生首次的北漂之行。

个人与命运的搏击犹如一场旷日持久的拉锯战，距离最终的胜利没有谁能预测还有多远，但当你踏出了第一步，就已经是走向胜利的开始。

只是，这第一步的步履远比想象中的更为艰难，现实中的骨感也远不及理想中的丰满。

即便是经历了 2 个小时长途汽车的颠簸与 5 个小时绿皮火车的嘈杂，都完全没有影响到像打足鸡血的郭连涛在这一路上的兴奋劲头，但是，当随着绿皮火车缓缓驶进北京西站与站台铁轨发出那“喀嚓喀嚓”的笨重声响时，郭连涛的小心脏才真正开始体会到什么是紧张与无助——当他穿过月台走到出站的检票口时，迎接他的除了一眼望不尽的陌生人流，便只有北京初冬时节的凛冽寒风。第一次远离家乡和亲人的郭连涛这才发觉无边人潮中，自己是如此的孤寂。

时间已近深夜，一阵从未有过的无助与孤独感莫名地袭上心头。

那一晚，郭连涛就在嘈杂的售票大厅找了一个角落，背靠包裹哆嗦着睡了一夜……

少年倔：风霜雨雪铸刚强

1996年的工地生活，并不是任何一个青年人凭一腔热血就能干得下去的。

更何况还是一个孩子。

郭连涛很快就发现，作为这家工地上年龄最小的工人，他所要面对的真正挑战并不止每天来回打钢筋、上下背水泥这些超过他当时体能的重负，还有一系列来自精神甚至是尊严上的折磨。

首先便是恶劣的工作环境，尘土飞扬是工地每天的常态，再配上切割机、搅拌机、电焊机等各种机器交汇混杂的刺耳噪音和异味，活脱脱一个“人工空气净化器”的作业现场。

此外，夏天闷热冬天漏风的群居板房，一年四季顶在头上的沉重安全帽，为防刮伤夏天也一身的长袖长裤，不用打啫喱就能随意梳理的油腻发型，厨师换了菜也不换的工地食堂，夏天像桑拿房一样的卫生间，无孔不入且大如苍蝇的蚊子，雨雪天洗澡要带伞的简陋浴室，全年365天无休还得争抢去加班的工分计时，甚至那只每天5点就准时打鸣的大公鸡……一年下来，纵使你之前是个杀马特式的摇滚青年，也保管你变成一枚原汁原味的农民伯伯。

西元坊村的乡邻当初普遍不看好郭连涛去工地的议论和劝阻，并非没有道理。

有一回，工地项目刚结束的郭连涛决定坐公交上街去逛逛。首都的公交车原本很挤，但当他上去后居然不挤了，所到之处人们争相避让——不是因为礼貌，而是他衣服上的灰垢和油漆气味，郭连涛读懂了他们的举动，他并不意外，也没有难过，只是默默地站到了车门的一角。那次上街，郭连涛为自己购买的唯一礼物便是1元钱一支的绿箭口香糖，清凉的味道郭连涛心底里甜开了花，这是他在工地生活中少有的幸福感。

人们业已走过的道路只有一条，但未来的道路却可能有很多条，智者探索、勇者奋进、恒者通达——也正如马云的那句经典语录：短暂的激情是不值钱的，唯有持久的激情才是赚钱的。

从1996年11月至1999年11月整整3年时间，郭连涛先后辗转在北京、天津的多家工地上，并度过了人生中第一次的民工岁月，同时参与了当时诸如天士力制药集团、天津劝业场等知名企业建设的动土与建设。

回首这3年的民工岁月，用郭连涛自己的话来总结就是：“那段时光对我可谓是奠基性的重要，我学会了两个字：坚持，也理解了这两个字的本质意义——在那个阶段，我坚持的或许是本不应该坚持的东西”。

坚持为什么要说不应该？

因为，那并不是一个少年所应当承载的重负。

既然如此，为什么还要坚持？

只因，这是一个倔强少年自己所选择的道路。

——“你自己选的，将来你自作自受。”

——“不上学可惜了呀，原本多好的苗子。”

——“这么小的孩子根本干不了工地的活，看着吧，不出一个月准跑回来。”

……

父亲当日的告诫和众乡亲议论的声音言犹在耳，郭连涛暗暗告诉自己：我不但要坚持，而且还一定要干好！不仅为证明给别人看，而是既然出来了就不能这么回去。

是的，无论你什么时候开始，重要的是开始之后就不要停止；无论你什么时候结束，重要的是结束之后就不要悔恨。

许多年后，已是公司董事长的郭连涛渐渐领悟到一个成功心得，一个人给自己的定位感非常重要：“如果你定位自己就属于优秀的那一类人，那么无论你走到哪里，无论做什么你都会想方设法让自己达到优秀，因为优秀本就是你身上的一种基因；反之，如果你觉得自己属于平庸的那一类群体，即使给你再多的外界条件，最后也还是会沦为平庸之流。”

仅仅 1997 年这一年，在工资最高峰只有 450 元 / 月的民工岗位上，郭连涛竟为父母带回了整整 5000 元的尽孝金，这是他当年劳动所得的全部财产——除了一条用将近 50 元为自己购买的白裤子。

但就是这么一条裤子，却让郭连涛兴奋到难以自抑——那是他曾经在街上见到过、很喜欢却又买不了的东西——这种成就感，甚至大过他后来购买第一辆奥迪车开回老家时的心情。

也正是从穿上这条白裤的那一刻起，郭连涛的内心世界也逐渐开始了由少年到成年的角色转换！成年与否的最重要标志，从来都不在年龄的大小，而在于心智模式的高下！倘若一个人的心性尚未成熟、思想无法独立，便不能算是真正意义的成年人。

如果说，工地上的生活成就了郭连涛心性上的刚强和坚定——那么，工地外的世界则是给了他思想上的思索与升华！近看工地从早到晚的喧嚣嘈杂，远望外界川流不息的车水马龙，郭连涛隐隐地觉得，自己也可以有一个房子或者一个家，每天开着车子去做自己喜欢的工作——而那，才应该是他未来真正想要的生活。

而那样的生活在哪才能实现？郭连涛还不知道。

但一个更为远大梦想的希冀火种已在他潜意识中悄然种下、生根，直至破土发芽。

那一天，岁月的年轮指向 1999 年。

小节回顾 ‖ 笔者总结

1. 幼年的良好家教，是一个成年人步入社会时与人为善的强力保障。

父母言行熏陶下的身教力量，对孩子将是一生无穷的受益。

2. 梦想与孤独同在，光明与黑暗同行。

如果你心中有一个不容动摇的梦想，那你要做的第一件事就是做好抗衡孤独和寂寞的准备！只有闯过了黎明前的黑暗，你才有机会看到曙光。

3. 人要学会对自己的选择负责，对说出过的承诺负责。

人必自信而后人信之，人必自欺而后人辱之。唯有能对自己说过的话负起责任的人，才可能赢得别人的信赖和尊重，以及上天的最终眷顾。

第 2 章　中流击水 | 鸿鹄志：人生贵在有追求

屡碰壁：倾心不改定杭城

看时感动，想时激动，做时不动。

为什么那么多青年人听过了许多道理，却依然过不好自己的这一生？是他们不够聪明、无法理解这些道理对人的重要性吗？

显然，事实并非如此。

人生，乃是一段不能返程也无法预知终点的单行轨道，最怕的莫过于虚度光阴、蹉跎岁月。在 3 年民工生涯的历练之后，郭连涛比过往的任何时刻都更渴望成长——即使已不能再回到学堂，也要在一份有意义的工作中去学到真正的本事。

1999 年 11 月，在确定了内心的想法之后，郭连涛决定结束工地的劳作，在一位工友的建议下从天津只身前往人生的下一站：杭州。彼时的郭连涛当然不会想到，这一次的选择不仅再度改变了自己的命运轨迹，也让他今后的工作、家庭、事业乃至整个人生都与杭州结下了终身的不解之缘。

犹如刘姥姥进了大观园，在杭州求职转了三天的郭连涛两眼满是星星。他发现，杭州原来竟然是这般的美丽，明明已到深秋的季节，杭州却仍然呈现出一片让人留恋的青山绿水。美好的事物总能令人向往，美丽的城市亦令众人汇集，一个决心也就此浮现在他的脑海：以后不走了，这里就是我未来的定居之地。

然而，杭州求职市场的残酷现实，很快便如一盆冰水将正在畅想美梦中的他兜头浇醒。

在足足 1 个多月的时间里，郭连涛几乎跑遍了半个杭州城去找愿意录用他的门店——是的，是门店而不是工厂。起初，郭连涛想着能像那个工友一样去面试销售，因为曾经“驴车卖菜”的童年记忆让他觉得销售应该不难做，但老板们一听说他是没干过销售的“小白”，还是个不懂行业的民工，尤其还是个童工便都婉言拒绝了。

或许是皇天不负苦心人，在踏上杭州这片土地近 40 天后，郭连涛终于成功应聘到杭州灯具市场的一家门店当送货配货的小工：750 元 / 月。

“还不错，至少比在工地时涨工资了嘛！”——上班前的头一天夜晚，在入梦之前，对未来满载期盼的郭连涛这样安慰着早已疲倦不堪的身体。

知恩遇：竹解虚心是吾师

郭连涛在杭州找到的第一份工作，是一家在杭州灯具城内约有 70 平米的灯饰门店。

这家灯饰店的“组织架构”也非常简单，1 个店长、1 个销售员和 1 个小工共 3 人组成的小团队，外加一个在后台运作的老板。

本来，郭连涛作为小工的工作职责，只是每天对销售员业已卖出的产品进行装货、送货以及门店日常的补货等杂活——然而，让所有人都始料不及的是，仅仅 3 个月之后，郭连涛这个民工出身的小工所创造的业绩便超越了那名专职卖货的销售员。而更具有传奇色彩的是，又过了 3 个月也就是在他进店后不过半年的时间里，他居然顶替了原先的店长，成为老板最为倚仗的新任店长与得力干将。

“那么，在这半年中究竟发生了什么？为什么您会有这么大的成长变化呢？”笔者问出了一个大概读者心中也同样好奇的谜团。

在我国南方，有一种叫作毛竹的奇特植物，即使放在整个自然界中，毛竹的生长过程也是绝无仅有的。

毛竹的奇特之处就在于：在种植后的前 5 年中，毛竹的生长似乎并不显山露水。但是，到了第 6 年雨季的时候，它们却能以每天平均 1.2 米的速度向上疯长，15 天后即长到 27 米甚至 30 米之上，成为竹林中当之无愧的冠军。

有人想要解开毛竹的生长之谜，于是小心挖出它们的根系，却惊讶地发现：毛竹在前 5 年并不是没生长，而是以隐秘的方式向下生长——它用了 5 年的时间积蓄自己，然后在时机到来时一举创造出了高速生长的奇迹——每 1 公顷的毛竹林，竹子根系的总长竟可达 24000 公里之多。

欲问王冠何处戴？竹解虚心是我师！

一个人在童年阶段的成长就像刚放进水中的一块海绵，本就具有极强的可塑性与吸收性——而小时候无数次的“驴车卖菜”的经历，犹如厚积薄发的毛竹——

郭连涛积累到了最宝贵的沟通胆识、表达技巧以及乐观豁达的阳光个性——这才是他人生真正意义上的“第一桶金”。哪怕在随后 3 年的民工生涯中，天生自来熟的他也能很快地和其他“老资格”的工友们打成一片，一如童年般嘴巴甜甜地向他们请教在工地做事的各项技巧。

在童年阶段练成的这些优势，也让郭连涛在灯饰店的工作中很快凸显出来：每次来了客人不论买或不买他总能和对方聊得很投机，正是在这一边聊天、一边介绍产品，再一边回味总结的循环过程中，郭连涛渐渐悟出了销售的精髓。

唐代文学家韩愈曾言：“人非生而知之者，孰能无惑？惑而不从师，其为惑也，终不解矣。”

此时的郭连涛虽然已经会销售，但岗位职责却还是送货的小工，东西卖出后的业绩和提成还是要归销售员的——因而对方也乐于这样坐享其成。郭连涛隐约地感到有些不合理，一时却又不知所措——这个问题一度困扰了他好一阵子，直至不久后他生命中第一位贵人的到来。

虚心好学的人，总是能吸引乐于分享的人。

那是一个风和日丽的下午，有一位看上去很像老师的大姐姐来到门店选购灯饰。一如往常，在郭连涛一番热诚的引导参观和交流下，两人很快熟了起来。

一番对话之后，郭连涛惊奇地发现，原来面前的这位大姐还真是浙江某大学的一名教师。在了解到郭连涛的职位近况后，老师说出了一番至今仍让郭连涛受益在心的话语：

“小郭，你这么年轻，一定得精通一门一技之长，那才是你未来真正的出路”。

“什么叫作一技之长？”郭连涛坦言不太懂。

“就是对你的人生来说最重要的是什么，你既能把它做到最好，又能一辈子有饭吃的那件事情！而这样的一技之长要靠你不断地去学习才能获取，包括在书本中的以及社会上的各种学习……。”

这番醍醐灌顶般的话语对郭连涛心智的启发可谓意义未凡——犹如一块石头丢进平静的湖心，在内心底泛起一阵阵涟漪，此刻他才深切体会到什么叫“听君一席话，胜读十年书”。

后来，这位老师成了郭连涛最忠实的客户之一。再后来，两人还成了忘年交。

在经过反复的考量斟酌后，凭借已经娴熟的销售技能和实干表现，17 岁的郭连涛主动找到老板要求由小工调整到销售岗位。

又过了 3 个月，当原先的店长选择辞职创业时，郭连涛毫无悬念地便接任了店长，这一做就是 3 年，而他后来的恋爱对象和结发妻子周洁，也正是在这一时期悄然走进了他的世界。

数年后，郭连涛在与火星人总部的加盟合作中敢提出把火星人直营门店全部撤出杭城，改由他以加盟商的身份统一布局接管的要求，大概就是在那时候学到的勇气和底气——而这些让他在未来商界纵横捭阖的眼光、胆略和思维，那位曾给过他最重要启发的人民教师，无疑是他一生的贵人良师。

知恩，感恩，报恩，传恩，而后伟业可成也。

大起落：触底反弹终觉醒

茨威格曾说：命运所有的慷慨馈赠，都早已在暗中标好了价格。

一个人若身处逆境而不气馁，必有飞黄腾达之日；但一个人若身处顺境而不珍惜，也免不了潦倒落魄之时。

2003 年的郭连涛显然还不明白这个道理，因为就在他上任店长后的第 3 年，他居然又辞职了——任凭老板一再挽留，郭连涛还是展示了犹如当年退学时的倔强——倔强这把削铁如泥的双刃剑，用得好时便是坚定，能助你在飞驰的路上披荆斩棘；用不好时就成了任性，也能割伤自己摔落马下。

不幸的是，一个人的年少轻狂不可能没有代价。

假使以今天的视野去回顾当年，郭连涛觉得在那个店其实依然大有可为。但当时心高气盛的他总觉得自己又到了一个新的瓶颈点，一心想要去看看“外面的世界”。

这一看的代价，便是长达半年都没找到工作的无尽失落、疲惫和迷茫，总也高不成低不就的郭连涛再一次感受到现实中那冷漠残酷的另一副面孔。这也让他生平第一次恼怒自己，为什么当年不先把 9 年义务教育读完再走进社会?

郭连涛并非不愿妥协，但深达心底的倔强以及那位教师大姐的教导让他感到不能进厂混日子，小工是回不去了，民工更不可能。他也不是没有见过世面，但确实未曾经历过职场会有这般残酷的一面，这半年来，郭连涛跑遍了杭州各个机电市场这样的大小店铺，却始终未能找到合适自己的岗位！那段时间，每到夜深人静之时，郭连涛总是默然地仰望星空，深为自己当初执意辞职店长的轻率追悔不已。此时，仅有的一点储蓄老本已经吃光——但是，远比失去财富更为可怕的是失去信念——一再遭受挫折打击的他开始怀疑起人生：我郭连涛想在杭州找份像样的工作竟有这么难吗？

人穷志短，马瘦毛长。

郭连涛甚至一度想着干脆去开出租车算了——反正从 10 岁时的驴车、12 岁的摩托车、13 岁的三轮车，自己无一不驾轻就熟——而四个轮子的机动车，也在 2001 年取得了驾照。

但即便在这样的逆境下，郭连涛也依然没动过要离开杭州另寻发展之地的念头——他深知城市是一个人生身立命的根据所在，是不可以轻言变换的，更何况还是早就决定要扎根于此的杭州。

二战名将巴顿将军曾说："衡量一个人能否成功的标志，不是看他登到顶峰的高度，而是看他跌到谷底之后的反弹力。"

这一日，犹如顿悟一般，心中苦闷已积压到临界点的郭连涛在猛然间反而释怀了！

他不由得想到既然已经走到了低谷，那还有比现在更糟的情况吗？也就是没工作而已，我这么年轻就被它吓倒了吗？抱怨是徒劳的，后悔更是没用的，步履艰难难道不是因为我坚持走上坡路的原因吗？既然如此，此时不去绝地反击，更待何时？

想通后的郭连涛一举甩掉了连日堵在心头的所有思想包袱，长长地舒了一口气，顿觉有如满血复活般浑身得劲，从前那个青春激昂的状态、不惧挑战的勇敢、全力以赴的担当以及深耕于心的感恩，终于又都回来了！

在前往下一家公司面试之前，郭连涛把自己从头到脚重新收拾了一遍，剪短了头发、新买了西装、打上了啫喱，临出门前还不忘再擦一次鞋油……

人如磁场，物以类聚，同频相吸。

就在郭连涛第一次西装革履地坐着公交车去面试的路上，一个年纪和他相仿的小伙子走过来问他："帅哥，请问你是干保险的吗？"郭连涛好奇之下反问："为什么你会觉得我是干保险的？"对方满脸期待地说："你看你整个人多精神呀，穿得也那么职业，你是做什么的就告诉我呗，我跟你一起去干……"郭连涛后来回忆道，这大概是他最早获得的第一个粉丝，还是在自己一穷二白的时候。

由此，郭连涛深切总结了两点体会：

“当一个人时时刻刻去做最好的自己时，就会有人欣赏你、认可你，甚至追随你，用今天的话来说就是会有粉丝；二是，当你把自我调整到最佳状态时，你的心情也同样是最好的，这样不管你去做任何事，都会有一个最好的发挥和最好的结果。”

一如“花香自有蝶飞来，海深方得百川聚”。

破迷局：英雄用武登高峰

CAV 智能影音集团，成立于 1993 年，是一家在全球 10 多个国家和地区设有销售网络的大型音响品牌制造商，也是郭连涛在职场生涯中任职的最后一家企业。

西装革履的郭连涛今天第二次来到 CAV 公司面试，前一次的销售求职曾被面试官以学历不够为由所拒绝——但，这并不妨碍他对在这家公司上班有良好前途的认知判断。

在做足一番功课之后，郭连涛决定再次前来应聘——司机。没错，一名送货司机。

仿佛是命运的一次奇妙轮回，郭连涛觉得自己用了整整 4 年的时间又回到了初来杭州时的起点。

但彼时的郭连涛显然还没有体会到命运的真正奇妙之处，因为就在他刚刚成功应聘司机、如无意外就将走上送货工的前一刻，一场奇妙的邂逅发生了！

郭天赐，CAV 音响杭州区当时的最高负责人，这个和郭连涛“五百年前原是一家”的本家人，这个至今仍然保持联络的第二位人生贵人，就这样说巧不巧地出现了。

“阳光、朝气、精神”，这是郭天赐对面前小伙子在脑海中闪过的第一直觉，而在得知郭连涛来应聘的居然是司机岗位时，郭天赐险些惊掉了下巴。

“小伙子你这么年轻，为什么两只眼睛就死盯在方向盘上呢？这份工作对你来说有前途吗？有意义吗？以后……”一番连珠炮般的“灵魂拷问”让郭连涛感到羞愧的同时，又有一种似曾相识的熟悉感——是的，那正是几年前那位教师大姐对他说话的情景再现。

往事一幕幕地划过眼前，这一瞬间，郭连涛几乎泪目。

长久以来，郭连涛梦寐以求的便是在一家大企业中找到销售工作，为此险些磨尽他身上的棱角和自信——但就在他已经对机遇不再抱有希望时，却又在突然之间峰回路转。

“我能给你的只是一个销售入门的机会，能不能干好甚至能否通过岗前的考核，都得看你自己”。这是当天郭天赐在转身离去之前，留给郭连涛的最后一番告诫。

一个机会？那已经足够了！

真英雄，所欠缺的仅仅是一个用武之地。

在对 50 名新人 15 天的岗前培训 + 现场销售 PK 的测试考评中，广招慎选的 CAV 最后仅留下了 5 个人，郭连涛的成绩排名第 2 位——为了这一刻，郭连涛连续 15 天晚上与同住的老乡室友做反复的模拟销售演练，以至于那个可怜的室友后来一听到他回来的脚步声，立刻便把被子盖过头顶假装呼呼大睡。

就在被分配到 CAV 音响设在杭州百货大楼店的半年后，郭连涛疲晋升为杭百店店长！

就像一名久未下水的游泳健将，郭连涛在极短的时间内便找回了一个销售员的意气风发，这与不久前还失魂落魄的他简直判若两人！上班第一天的郭连涛就卖出大小 2 套音响共 1 万多元。不久，又以独特的人格魅力签下一笔包括多套家庭组合式音响、功放、DVD 以及 4 台当时最昂贵的先锋等离子彩电在内的超豪华大单，合计 60 多万的单笔销售总额，相当于常规客单至少 50 人 / 次的平均业绩！

此外，郭连涛还深深认识到“唯自信者方敢反省，唯自律者方能服人”的职场哲学，多年来不仅从未迟到，就连他在面试当天的行头，也成了他此后每一天工作时的穿衣标准，无论寒暑冬夏、年复一年。

1 年后，业绩持续领先的郭连涛被调至位于杭城武林广场中心的杭州大厦店担任店长——这是 CAV 在杭州地区地段最优、面积最大、人员最多的旗舰门店，面积足达 200 个平方。

就是在这里，郭连涛完成了由早先“领头羊”式的粗放管理到“牧羊犬”式的营销管理的转变与升华。如何将自己的经验复制给大家？如何带领团队一起创造更大的结果？如何才能让那些有能力的人认同你的管理？……经过两年的不懈思索、探寻与实践，郭连涛最后悟出了“五遇式”管理精髓：遇机会识、遇险敢冲、遇急能忍、遇过则扛、遇功即让！也正是在这种步步为营的螺旋式成长循环下，让郭连涛得以一次次突破自我蜕变的天花板，不仅实现了门店业绩的持续增长，也赢得了团队上下的敬重信任……

在 CAV 任职销售和担任店长的数年中，郭连涛客户圈的质量和在人脉圈中的影响力也在空前增长，尤其在做事和为人这两项人生最重要的领域中积攒了极其珍贵的经验口碑！正是这些为他在后来创业路上遇到包括资金链断裂而险些崩盘的危急关头中，最终渡过了一个又一个的激流险滩，并打下了坚实基础。

很多时候，人们总喜欢艳羡高山之巅的景致无双，却只有走近之后才赫然发觉在高山背后，却是一道道险象丛生的荆棘坎途，以及那少有人肯以身翻越的悬崖峭壁。

一如路遥知马力，日久见人心。青山埋忠骨，烈火锻真金。

小节回顾 ‖ 笔者总结

1. 贵人不是靠遇到，而是靠吸引。

真诚、纯朴，为人热情阳光，遇事敢于承担而不抱怨，这些是吸引贵人出现在我们生命中的特质，你内心深处是什么样的人，也定能吸引来同样特性的人。

2. 着眼未来，但要做在当下。

如果你正在从事自己喜欢的工作，那么恭喜你，你昨天种下的某些种子在今天已经开花结果；而如果你因为不满意当前的工作而准备跳槽，那不是不可以，但在此之前你要先做好两件事情：客观评估自己的能力和（对未来的）心理承受能力。

3. 做销售是对自己负责，做管理是对一群人负责。

当你的个人能力已经很强，想做好管理的首要前提便是要会复制自己，你能把自己的能力复制给多少人，就能带好多少人的团队。

第 3 章　功成于韧｜乘风浪：舍我其谁立乾坤

创业艰：心伤泪洒服装店

骏马因知前程远，无须扬鞭自奋蹄。

假如，我们来复盘郭连涛由民工到企业家这一路破茧成蝶所走过的痕迹，就不难发现：这的确是一个极具乐观主义开拓精神、绝不轻言放弃又极善自我总结的男人，会对每一小段的人生进程都不忘冷静地做一番得失反省。

郭连涛在走向事业成功的道路上并非不曾摔倒，甚至有时还摔得很惨，但每一次的倒地之所以没有湮灭他内心深处的那朵小火苗，反而像红军战士一般将其最终发展成燎原之火，其背后恰在于他即使摔到仰面朝天也定要抓沙在手的那股坚韧豪情。

2006 年，是郭连涛步入社会后的第 10 周年——这一年，郭连涛与相爱 4 年的初恋女友正式步入婚姻殿堂，随即开启了长达 5 年的首度创业历程。

起初，郭连涛并没有想要因为老婆的线上网店而去经营一个线下的服装品牌——毕竟，就他过往的所有经验来说，没有一处是和“服装”两个字沾边的——但是，当他看过一个从前做家电的同事在杭州四季青批发市场的火爆生意后，一切就都不一样了！也难怪郭连涛看着眼热，那家门店每天络绎不绝的批货的人流，一天十几万甚至上百万的流水不禁让他觉得：那个同事曾经的能力和表现都是不及我的，如果连他都能把服装搞得风生水起，这要是换成我来做，那还不得起飞了？

明代大思想家顾炎武曾有警世良言：人之为学，不可自小，又不可自大。

但郭连涛觉得自己那会儿也很难照这句话去行事，因为四季青整日“人山人海”的画画感已经牢牢占据了他的大脑。

自 2007 年 4 月开始，郭连涛每天先骑上电动车去柯桥找面料，然后再到东站选择辅料，老婆则负责时装的设计和打版，最后再拿到位于杭州九堡的来料加工厂去盯着车间生产。在这一系列的操作都完成之后，郭连涛继而又马不停蹄地在四季青市场中心区域的意法服饰城内选了一个 40 平方米的档口做门店……历时

2个多月“痛并快乐着”的连续折腾后，郭连涛期盼已久的成衣女装品牌：芊之魅，终于闪亮上线了。

说多不多，说少不少，前后50万的启动资金搭上了两人积攒至今的全部家当——客观地说，这不太像是搏，而更像是赌，犹如想要一夜暴富而把筹码全部压上的赌徒。

只不过，这一把，他赌输了。

让郭连涛期待中走进门店批货的“人山人海”并没有到来，过于超前的设计理念、高端的服装定位以及相对偏高的进货价格，尤其是时尚女装换版频率的加快，让芊之魅这个刚上线的“高端”品牌在四季青这样的大众市场鲜少有批发商愿意问津，尤其缺少二次采购！

特别是当进入秋冬季节，望着仓库内积压如山的一批批服装，郭连涛忧心如焚，至2018年元旦前后，门店只能靠借款输血才能勉强支撑运营！不得已之下，他无奈辞退了门店的两个雇员，而这又更加重了他与妻子本已事无巨细的负担。

不同于以往民工生涯中单纯体力上的付出，也不像此前销售和店长工作中业绩多做少做的压力——在这一次的创业中，郭连涛押上的不仅是全部的本钱，更涉及整个服装品牌的全产业链条。过长的战线让他不得不从每天凌晨的3点半一直忙碌到第二天晚上，体能的严重透支让郭连涛就连骑在电动车上都能睡着，然后就是车倒、人醒、再骑，结果还没行几里路，眼皮就又一次打盹导致翻车，险些引发事故。

带着一身的伤痛，郭连涛默默地把电动车停在一条小河边，两眼直勾勾地紧盯着面前的河水，河岸两旁毫无生机的树干、阴沉不定的天气以及耳边呼啸的寒风，都让他再一次领略到了堪比当年北京西站的那种冷。郭连涛的心情难受到了极点，他使劲地想要回忆着自己怎么会走到今天这样落魄的地步？究竟做错了什么？但，任凭他如何绞尽脑汁，思绪却是愈发混乱！所有的钱都已亏完，奄奄待毙的门店宣告破产就在眼前——无数次，郭连涛都想过被迫转店放弃的那一天，他觉得这一次可能不得不向命运低头了，唯一还在支撑他的原动力并非因为看到了明天的希望，只是不甘心。他万般的不甘心啊！自工作以来，无论是北京、天津的两地民工，又或者在杭州多年的起起落落，自己何曾有过在逆境中被打到认输的先例啊？创业的人生就是这种滋味吗？竟是这般痛苦吗？不觉间，两行无声的热泪滚滚而下……

有一次，实在心疼丈夫长时间没沾荤菜的周洁挤出钱买回来一盘肉，但那盘肉他们却吃了整整三天，郭连涛和妻子约定每顿饭一人夹一块！为免眼馋，随即便将盘子盖起来放到了冰箱里。

至暗时刻，水尽山穷。

那一年的春节很快临近，夫妻俩商量着终究要回去探亲过年，打开钱包才发现仅剩 5 元钱，而存折早已清空。此时，就连去菜场买最后一顿饭菜的钱都不够了……

惠泽返：云开月明现青天

当初，郭连涛从正处于事业上升期的时刻突然选择辞职创业，这既让同事们意外同时也无法理解。

毕竟，只需沿着 CAV 杭州旗舰店店长的位置继续向前，他完全可以轻松实现在 7 年前初至杭城时的愿望：以杭州人的身份稳稳地定居于此。但天性要强的郭连涛就是要将人生的方向盘握在自己手中，哪怕一切从头做起，哪怕积蓄尽付东流。

事实上，在决定进入服装领域之前，郭连涛其实有想过经验上的缺失可能会付出一些学费——只是，没想到创业的学费会这么贵，贵到他无法承受、贵到已然伤筋动骨。

若非一个小兄弟临时借他 5000 元，郭连涛这一年不仅无法返乡，就连日常的基本生活都已举步维艰。

再一次走到了人生的最低谷，未来，又当何去何从？

“你选的路你负责，将来是好是坏你都自作自受。”11 年前，老父当日的谆谆教诲又一次回响在耳边——初听未解其中意，再闻已是话中人！时至今日，郭连涛愈发感激父亲当年的当头棒喝，正是在这句告诫的无形作用力下，让每当陷入困境的他都会在潜意识中告诉自己：我选的路，我负责。

在人生的每一个十字路口，没有谁能预知未来会发生什么，但身在低谷之中的我们仍然可以选择是就此认输，还是忍痛前行？

一个人只要一息不屈的信念尚存，在通往成功的跑道上就只有快慢之别，并无胜负之分。

回到山东后，郭连涛便硬着头皮开启了“春节借钱”模式——还好，基于对他们一家多年的好感和信任，四邻八亲并未因为他的困境而躲闪，而是纷纷慷慨解囊：在返回杭城之前，郭连涛成功筹款 10 万元。

尽管，这笔钱距离郭连涛资金周转的所需缺口尚有很大距离，但这已无异于雪中送炭——更重要的是，这让他重新感受到了“世间总有真情在”的温暖！换言之这笔钱激活的不仅是他生意上东山再起的希望，还有对未来之火重新点燃的信心。

在郭连涛独自返程杭州的那一天，当偶然间回身看见已过六旬的父母双亲，就站在村头路口一直在向他依依挥手送别——那一刻，所有的感动、愧疚、心酸、委曲等情绪一瞬间齐齐涌上心头，这个闯荡江湖 12 年从没服过输的山东汉子再也忍不住像个孩子般号啕大哭！在从冠县到济南这长达一个半小时的车程中，郭连涛滚烫的泪水一直止不住地流——那是郭连涛第一次体会到原来成年人的泪水也可以这么痛快地流淌。

“生活终归会是美好的，新的一年开始了，一切都会好起来的。”抱紧装有 10 万借款的背包，感受到冬去春来后的周身暖阳，郭连涛也仿佛看见了那份崭新的希望。

很快，“生活如此美好”的感觉便为他带来了新年后的第一个好消息：

当初，那位在杭州百货大楼装穷的富商老汉在成为郭连涛的粉丝后，连他的儿子也渐渐成了郭连涛的好朋友，富商儿子经常出国，家里老人一人在家，于是便相邀郭连涛时常代他去看望父亲，古道热肠的郭连涛自是欣然应允……也正是基于这一份曾经结下的善缘，在郭连涛提出生意困难想借 20 万做周转时，对方二话不说便打了整整 50 万元到郭连涛的账户上！更让他感动的是对方不仅连一张借条都不让他写，还对他留下了一句话：“不需要写什么借条的，你这个人还不止值这么点钱……”

爱出者爱返，福往者福来。

每个人曾经生发的任何一份善心善言，善行善举，终有一天都会惠泽自身。

这一年，在对过往失误做出认真的审视与总结后，重整旗鼓的郭连涛和妻子调整了业务布局以及营销方式，在符合四季青整体市场定位的前提下，以低价中质、中价高质的经营策略去吸引不同量级的经销商，以领先半步的审美眼光去重新设计和升级服装的版型，以小步快跑的供销节奏去保证现金流的周转稳定……

慢慢地，芊之魅的盈利状况开始渐有起色并很快步入正向的循环轨道，当年便还清了所有借款——从 2008 年到 2011 年的这 4 年间，门店最高峰时一年能做到 2000 万元的营收流水——虽然距离郭连涛最早预想中日进斗金的“人山人海”尚有距离，但如第一年时的亏损和担忧，却已经永远地一去不复返了。

老子曾言：万物自有定数，万难自有解数。

而对勇者而言：在奔向梦想的大道上，即便一时没有获得命运的垂青，责任与担当也将伴我们一路同行。

对当年在四季青那长达 5 年之久的首度创业，郭连涛一脸平静地如是总结道：

——“刚开始是不懂行，凭着一腔热血和喜欢就跳了进去，完全不知道水有多深，所以前面吃了很大的亏，好在一直没有认输，最后还是挺过来了。”

——“这次创业尝试的最大收获，就是让我奠定了由一个运营管理者到品牌经营者的角色转换，包括成功创业的所需因素，如何布局市场，如何打通上下游的合作伙伴，如何兼顾产品导向和市场导向等。”

——“我深深地感激在人生每一段历程中遇到的那些人和事，也包括自己。没有这些，就绝不可能成就今天的我。”

一炮红：风云际会惊四座

一心向往光明，自有精彩相遇。

一个人，若能在太阳升起之时有最喜欢的事业相伴，能在夕阳西下之时与最亲密的爱人相拥——生命如此，夫复何求?

郭连涛记得，距离上一次生起一见定情时的感觉，那还是 12 年前与妻子在灯饰店的初次相遇。

但让他不曾想到的是，除了爱情，今生竟还会有别的事物能让他再次邂逅到“一见钟情式”的美好。

火星人集成灶，由黄磊代言，是火星人厨具股份有限公司旗下最核心的产品——作为一家立志解决厨房油烟为目标的高科技公司，火星人厨具在成立至今的 10 年内一路获奖无数，年销售额过 10 亿，全国专卖店网点超 2200 多家，并于 2016 年入选央视 CCTV 纪录片《工匠精神》，也是在该领域中唯一一家入选的集成灶企业。

2011 年开始，在女装领域已历 5 年的郭连涛预感到服装不会是此生的最终方向，便将门店果断交给了一个家族亲戚，然后便为人生的终极事业开始了全国范围内近一年的市场考察。这段时期，郭连涛走南闯北，来回奔波在江苏、浙江以及南方的广州、中山十几座城市，几乎看遍了当时生产型的家电、厨电以及互联网电商等企业从上游工厂直至下游市场的各个流通环节。面对这一次至关重要的终极之选，郭连涛下定决心要赢得漂漂亮亮。

而对这个在当时才成立仅 2 年，还名不见经传的火星人集成灶，郭连涛的第一直觉就是：这家抽油烟机的功效很强、性价比很适中，即使自己站在消费者的角度也有很强的购买欲望——多年的职场与商海的浸染让他敏锐地意识到，与这样产品过硬又具备高成长空间的品牌合作，才是自己未来事业的最佳选择。

思考冷静清晰，又已考察良久，剩下的便只有两横一竖：干。

2012 年 3 月，郭连涛正式成为火星人在杭州地区的加盟代理商之一。

是的，也只是之一，而且还是在杭州余杭区所属临平镇这个无人问津的三线区域。

从 5 月新店装修，整整 6、7、8 三个月内连一单生意都不曾卖出——不仅产品无人问津，甚至也鲜有顾客进店咨询，一直靠启动资金在输血。

混迹厨房电圈的人基本都知道，临平虽然位处杭州郊区，却是大名鼎鼎的老板电器总部的大本营所在！卧榻之侧，岂容他人酣睡？“是龙你得盘着，是虎你得卧着”——就连方太、西门子这样的大牌同行在临平也只能作为边缘化的存在。连续 3 个月零业绩的客观事实和严酷的经营环境，让不少人都在嗤之以鼻中坐等看他歇业关门的一出好戏。

但接下来令所有人都大跌眼镜的是，人们预想中 “小吃部关门”的好戏不仅没有上演，一幕幕堪比传奇的商业大戏却让人们震惊得无以复加。

在火星人临平店开张后的第 4 个月，郭连涛一手策划的首场营销活动便一举拿下近 80 万的营业收入——这相当于一家市级门店当时的季度总营收，一炮而红惊四座！

传奇光辉，至此仅是开篇。

2013 年，顺利在临平站稳脚跟的郭连涛年度业绩首次跃居火星人全国县级加盟商第一，就连火星人总部领导层的视野中也开始关注临平店的异军突起。

也就是在这一年，郭连涛不仅反向收购了早先盘踞在杭州市区的几家代理商，之后更是带着商业计划书找到火星人董事长黄卫斌和营销副总裁胡明义，让火星人在杭州的数家直营店悉数退出。至此，火星人整个杭州地区的经营权尽归郭连涛所有。

从 2014 年起，郭连涛陆续在杭州全范围布局门店网络：新时代广场店、月星店、滨江店、江南家居店、佳好佳店等 20 多家门店如雨后春笋般拔地而起，并在三线乡镇区域设置 20 多家二三级分销商，当年便以超过 1000 万的业绩首次问鼎火星人地级市全国第一！直到今天，在多达 1800 多家经销商的“丛林式”竞争中已连续 7 年蝉联冠军宝座，不断刷新着由自己缔造的最高纪录——而郭连涛在临平店破局之战中所采用的路数，也早已成为业内人士研讨竞争案例时的教学模板。

在外界普遍不看好的情况下，郭连涛凭什么能够一战功成而“亮瞎”众人双眼？

感动的故事有很多，其中一个关键就是：郭连涛让顾客们在门店尽情地炒辣椒！传统厨电门店里的集成灶产品擦得一尘不染，但好不好用？没人知道，只有导购员那“王婆卖瓜”式不断重复的自我溢美之词。

然而郭连涛的门店却是可以直接开火演示的：橱柜搭配火星人集成灶做成的一个个实景小厨房，每天备足红辣椒、生鲜美食、油盐酱醋……任由顾客免费体验着一锅爆炒 100 多个辣椒还能无油烟下厨的快感——犹如当年茅台酒洒在万国博览会上的香飘四溢，郭连涛也让顾客们着实感受到了什么叫作“在店内炒菜胜过在家下厨”——自此，火星人临平店远近闻名遐迩。

作为在全国的旗舰标杆，强势加盟的郭连涛为火星人带来的不仅是一骑绝尘的业绩标榜，更是推动了火星人早期管理体系上的变革升级，包括门店统一的形象管理、营销与售后的标准话术、工装及 6S 管理等，为火星人品牌在厨电行业后来居上的领先地位做出了相当贡献。

重剑无锋，大巧不工，爱到极致，浑然天成。

利社会：正觉明心畅众人

大商无算，大象无形。

大商者，常存利他爱人之心，践行回报社会之愿。

熟悉郭连涛的朋友们都觉得：“连涛的事业之路就像上楼梯，每一个步伐都能踩得很准”——这话对，却也不全对。正如小米创始人雷军的那句警言：“不要用战术上的勤奋去掩盖战略上的懒惰”，一个人唯有先看得远、识得真、舍得利，而后方能踩得准。

自从火星人临平店一炮而红，郭连涛的事业之途确实像一辆驶进快车道的“复兴号”高铁，其速之快，让身边的一众同行之人感叹不已。

2014 年 9 月，郭连涛酝酿已久的杭州畅众环保科技有限公司正式宣告成立。这一年，郭连涛不仅在火星人的版图上做得风生水起，更是亲身远赴东北吉林长白山去考察另一个事业项目：北疆硅藻泥——并且，再次以手起刀落的干脆签下这家同样仅仅成立了 2 年的硅藻泥品牌商，随即便在杭州新时代市场开设北疆硅藻泥至今都绝无仅有的一家超级旗舰门店，多达 1500 平方米的单店面积，成为他事业上实现资源整合与产业互补的两只“铁臂铜拳”。

而当时，99% 的硅藻泥同行门店仅有 40~60 平方米，郭连涛的雄心、眼光与胆略由此可见一斑。

“一下开这么大的店，不担心万一搞不好会再次陷入风险吗？”笔者好奇地问道。

“这里面的确涉及成败得失的多方考量，胜兵先胜而后求战，当时我们对集成灶事业部的布局已经完成，那接下来就是要对内转型做平台、对外抓住机遇谋发展。对北疆硅藻泥上千平方米的大店我们最后的评估是：“前景可为，风险可控”，最好的展厅、最好的品牌以及最好的服务也确如预料般带来了最大的轰动效应和客流效应……”郭连涛一边泡茶一边叙话。

畅和社会，度己为人育慧根；利益大众，兼善天下修根本。

这既是做事业和做生意的不同分别，也是企业家与商人的核心差异所在。

2016 年 1 月 26 日，以“正德厚生，臻于至善”为理念的畅众培训中心正式挂牌，深知“人才战略是企业第一战略”的郭连涛亲自担任负责人，尤其注重从员工的专业技能、管理技能以及文化修养这三个维度的系统培训。截至目前，畅众学院已累计开课 1890 多场次，有力地支撑了企业与人才在持续发展中的深度需求。

可以说，正是在畅众培训中心一路的保驾护航之下，才使得郭连涛在激烈的火星人全国市场竞争中，牢牢掌握着领先群雄的核心优势，并让他得以从容不迫地布局整个产业链条。

2017 年 10 月，郭连涛以联合创始人的身份入主三只喜鹊全屋定制品牌，揭开了在家居建材领域从下游经销商到上游自主工厂及高端市场全套解决方案的又一次事业升级之路！截至目前，三只喜鹊在全国的足迹已遍及上海、杭州、武汉、烟台、郑州、广州、福州、鄂尔多斯等 26 座城市。

“三只喜鹊的门店运作模式已经达到标准化，盈利状况也相对良好，今年预计全国门店能增长到 50 家。”

“那么，当您把精力分散到三只喜鹊的运作时，火星人和硅藻泥这边的团队效益不会受到影响吗？”

“企业有文化基因的沉淀，我在公司团队能做到 11 分，我不在也能做到 10.5 分，就是这样的区别而已。”一言至此，郭连涛一身的自信气场又一次从眉宇间悄然闪现——企业文化，说到底也是企业家文化，当你能让员工成材，员工便能让你放心。

而在文化沉淀与传承的过程中，最难的便是：岁月流转，世道浇漓，风雨兼程，永守初心。

一如郭连涛最敬重的管理界巨匠之一，有着全球第一 CEO 之称的杰克 · 韦尔奇留给世间的那句名言：“每个人都培养了我，每一天都要找出一个让自己更优秀的方法，这就是一种生活方式。”

每当独处之际，郭连涛都会对自己这一路走来的生命历程不停地追问与思索。

“一个内心成熟的人，就是看懂这个世界，然后依然深爱着这个世界！”谈到个人与社会的关系，郭连涛如是坦言。而当谈到未来，郭连涛认为企业家不仅是公司做到行业第一，这只是商业成就上的结果呈现！“更重要的是要做一个有温度的企业，让世人因我们而温暖，这也是畅众人一直践行的使命。”

在一次偶然的机会下，郭连涛得到杭州传爱天使公益服务中心的邀请，在确认了该组织的真实性和公益性之后，犹如对事业选择的果断，郭连涛自此便义无反顾地加入传爱天使一系列的安老、助学、助残、济困等一系列公益爱心活动中。现在，郭连涛已成为传爱天使的理事、副会长，并先后结对资助了来自千岛湖、义乌等地共 15 名穷困孩子的学费及生活费用，并会一直供这些孩子读完所有的学业。同时，郭连涛在公司内也经常鼓励员工参与到杭州多地的敬老院、疗养院等做慰问汇演、生日会等爱心活动，以便让团队更好地在生活中珍惜时光，回报社会。

当一个人所具有的那颗发心能让无数人感到温暖，又何须担心自己未来的成就？

2020 年初，突如其来的疫情对终端门店类企业的打击前所未有，郭连涛也深受其苦。然而这一黑天鹅事件带给他的却非恐慌而是沉淀，当很多企业将人工成本当成企业最大成本而想方设法地裁员、减薪之时，郭连涛却毅然反其道而行之，将一场危机化为吸收同行、异业众多专业人才的大好机会。

“别人贪婪的时候我们恐惧，别人恐惧的时候我们贪婪，2020 年确实不好过，但我们能过得很好！”

行文至此，与郭连涛长达 6 个多小时的对话也即将接近尾声，在郭连涛这位与笔者同龄的企业家身上，一再地诠释了何为青春唯有不怨不悔，人生方得无憾无愧。

轻轻端起手中的白瓷茶杯，静静品味着大红袍散发的悠然清香，如美酒般一饮而尽。

水杯放下，笔者再一次深深凝视着面前饱经世事却依然清澈如水的眼眸，在这道成熟、果敢又有如那个当年 14 岁只身闯荡江湖的少年一般无二的坚毅目光中，正在分明地传递出心头的无声之语：

伟大的事业需要我们用心选择，更需要我们用心守护。

有一天，当我们回首往事，愿每个人都能骄傲地面对自己和后人：岁月虽不饶人，我亦未曾饶过岁月。

小节回顾 ‖ 笔者总结

1. 人生成长如拾级登塔，吃得苦中苦才成人上人。

在追寻理想的赛道上，最重要的并非我们此刻所处的位置，而是心中所朝的方向！当你确定所选的道路正确，哪怕一时没有获得命运的垂青，责任与担当也要伴我们一路同行。

2. 一个人在逆境中迸发出来的所有智慧，归根结底都是缘于爱。

唯有真爱一件事情，才会为其舍生忘死，进而一步一步破解前行的每一个障碍。想要创业成功，需要的不仅仅是勇气和坚持，更要有对既定事业的高度热爱。

3. 快乐在于分享，生命在于奉献。

赠人玫瑰手有余香，回报社会便是在滋养初心。如此，成功才能持久、生命才能圆满，而我们也才能体会到那份最有意义的快乐。

第 4 章　对话职场｜智慧心：半生感悟尽分享

专业和有爱，是职场员工最为重要的两项能力

问：在您看来，影响员工职场成败的几项关键能力，分别都是哪些？

首先是“专业”．职场永远不会淘汰专业过硬的人，因此每个阶段你都要想方设法让自己做到专业。

其次是“有爱”，也就是要做一个有温度的人，没人会拒绝你真诚地对他好。前面的专业是站在做事的层面，有爱是站在做人的层面。

假如再往下细说，那就有更多的维度了。比如，你的团队协作精神、人际关系以及管理胜任力，等等。

问：员工是“专业”重要，还是“有爱”更重要？

对于初进职场的新员工而言，专业更重要。我们常说用人要德才兼备，可是“德”不是一下子就能看得出来的，但“才”可以。因为德属于内在，但才是可以外露的。如果一个人有才，又能有德那更好；如果没有（德），那这种才也长远不了。

问：当一个心怀远大梦想的人被现实所阻，他是应该坚持梦想，还是应该跟现实妥协？

一定要先跟现实妥协，如果你眼前都活不下去了，还拿什么去实现将来的梦想？可以这么说，所有人的成功都是被无数的委曲堆起来的。

想要吸引优秀员工，就要让工作富有挑战和乐趣

问：您如何看待今天的员工相比 10 年前的员工，离职频繁和随意的现象？

社会在发展、时代在变革、观念在更新，企业的管理理念自然也要与时俱进。因此在我看来，这是一个很现实、很正常的现象。

如果你觉得某个员工是人才，但他却很轻易地离职了，归根结底只能证明你给他的工作，对他而言没有挑战、没有乐趣，对他已经不具备想要留下来做好这份工作的吸引力。

问：您的年轻员工为什么会这么喜欢工作呢？为此您都采取了哪些措施？

这就是说，你要首先解决员工到底为谁在工作的问题！过去我们也一直在反思：员工到底为什么而工作？为什么拼命也要把这份工作做好？为什么每天要起这么早？如果你没解决员工意愿度的问题，员工当然能懒就懒，能拖就拖，能早走就早走，这才是人性！

在我面试中高层干部的时候，其中就有一个对话：我问他你在这里最想得到什么？我们能为你提供的是什么？同时，公司要的是什么？你如何能达到公司所想要的？等等。在面试的源头上就先解决这个问题，这样进来的基本都是三观一致的人，不合适的也不会来。我们常说选择比努力更重要，其实选人也是一样的！你要用心去找出员工来你公司的真正需求，从而发掘你想要的人。我常听到一些老板说：某个员工真笨，某个员工真不省心什么的。其实换个角度来说：那个又笨又懒的人，当初还不是你招进来的吗！

问：您认为一个员工在离职前是应该先找好下家再走，还是先离职再去找下家？

一个员工如果不是被别人挖走的话，那最好是先辞职，再去找下家。

这可能会多用一点时间，但这是你对上一家企业的尊重和自己岗位的职责，这是第一点。第二点，一个人离职后也需要空出一点时间为自己做一个梳理和思考，包括某些被高薪挖走的员工，在离职后很快就发现所就职的下

一份工作并不合适，这样损失的就不仅是更多的时间，还可能带来更多的职业迷茫以及对自身的自信力等等。这类人虽然已经找好下家，其实他根本没想明白、也没看明白，包括对自己。

问：当有员工从公司离职之后又想回来，您认为应该让他回来吗？为什么？

要看他当初离职的原因是什么，被开除的肯定不行。

如果是正常离职，想去外面尝试（创业）失败了想回来，而之前在公司对他的评价又比较不错的话，我们会给他再回来的机会。

（嗯，那其他员工看到后会觉得反正走了还能再回来，而不珍惜当下呢？）

有可能，但我觉得这也没关系。

首先，公司是有运营机制的，也就是你走了之后又回来，那一定是能够为公司继续创造价值的；当所有的员工无论是在公司任职数年、一年哪怕是半年，我们要做的就是进来一个人，他在这个岗位上能创造出对应的价值就行。

另外，这对其他的员工正向的影响应该多过负面，因为一个员工重新回来了既证明了外面的世界并不那么新奇，也佐证了公司对人才还是有魅力、有吸引力的。

员工内动力的激发，核心就在于引燃他的荣辱心

问：今天是一个充满诱惑的时代，当有员工沉迷在网游或者抖音之类的虚拟世界中，您会怎么做？

在我们公司其实是鼓励员工接触一些新鲜事物的，并将其转换成一种营销工具，在这方面我们做的可能比较开放。比如说：抖音。我们要求每个员工都要有一个账户，借此去发布、传播公司的一些东西。当你抖音号达到一定粉丝量和点赞数后，公司还会给奖励，这是有明确的奖励机制的。但上班期间刷视频这个绝对是不允许的，这一点我们区分得很清楚。

如果是员工在下班后去玩一玩（游戏），其实这个也正常，并没有什么

办法能用公司的行为去教导、干预他在职场以外的行为，这只能靠他自己。作为公司层面，我们能做的就是把公司经营得更有竞争力、吸引力，通过让员工在工作中获得更多的价值和成就感，从而间接去转移、提升他在工作外对于诱惑的抵抗力。除此之外，我认为别无善法。

问：您对于加班这件事怎么看？咱们畅众公司加班多吗？

我们做设计类的（员工）加班会比较多，这是在所难免的，但这不是靠公司的要求去实现。我常对他们说：你加班是应该的，不加班也是应该的，但工作做不好是不应该的。比如说：你今天要做一个方案，要给客户报价，你明明知道客户是今天就要拿到的，你也答应过，那无论如何你也要在今天完成。

但在整个公司层面，我们是不鼓励员工去加班的。

我们设计了很多富有竞争力的奖励、排名以及 PK 机制，但没有一条是关于加班的，月初时我们开大会来兑现上月的各个奖项。从工作方式上，我们希望员工每天都能准点下班，但从拿结果的角度来说那就不同了。当然我们还是鼓励员工能快乐工作、快乐成长、快乐生活，其实每天为梦想而战的员工，他的快乐指数其实一点也不比每天准点来准点走的员工要少。

问：请您总结一下您在激发员工内动力这一块的主要方法？

员工内动力的激发或释放，首先就要解决他的意愿度，也就是他到底愿不愿干的问题。

在这一点上，从最初面试时了解他的志向，再到工作中我们会问他这个月、这个季度以及明年在他心中最想实现的目标是什么？然后，我们再通过设定各种外部有效的机制，去帮他达成这一目标，也就是解决他能干到多好的问题。

比如我们的奖罚制度，在刚刚过去的 7 月份，团队月度排名的前 15 名都给予奖励，其中第 1 名奖现金 1 万元和证书。你知道我发现一个什么现象吗？竟然有差不多 20 个伙伴为争取第 1 名的荣誉晚上都不睡觉（笑），因为这不光是 1 万块奖金的作用力，还代表着在公司 NO.1 的江湖地位，他会特别有职场成就感！而且经常拿到月度的第 1 名，更能成为年度第 1 名的有力竞争者。

（那这种方式能作用于那些 20% 优秀员工以外的“佛系员工”吗？）

不能。所以有奖也要有罚啊。如果排在最后 15 名的一部分员工就需要兑现月前的承诺，比如吃苦瓜、跑西湖一圈，什么的。

（真围着西湖去跑啊？）

当然真跑，我们团队领导带着跑，我自己也跟大家一起跑过。为承诺去跑步是一种负激励，但不能算体罚，而且顺带还看了一圈美景嘛。

那对于中间既不是第一、又不是末尾的这部分员工，我们将月度的目标和 PK 机制分解到了每一周。比如说某一周门店和门店之间 PK 输的这一方，那第二天一早将会拎着抹布和水桶为对方门店搞卫生，搞完卫生再请对方吃早饭，然后再回自己门店，等等。营销部门策划的游戏规则每个月都花样层出，其实就是把营销和运营通过游戏化的方式进行运作，员工要么爱钱，要么要脸，两样都不在乎的人毕竟还是少之又少的。

把人生的维度拉长，才能领悟塞翁失马，焉知非福

问：在复杂的职场竞争与合作中，如何协调和处理好上、下、平级之间的相处之道及良好关系？

职场交往时，不管对方所处的职位，我们首先要弄清楚对方的核心诉求和底线是什么？比如对上级而言，上级最想要的就是结果，也就是交给你的事情他放心。对平级而言，我认为职场的处世之道还是应该适当抬（举）对方。什么叫抬呢？就是平级中有闪光露脸的机会时，要考虑到对方；对方如果不小心言行失当时，最好还能善意及时地为其补台，而不是袖手旁观；如果你有梦想，将来这些平级都有可能成为你的部属；如果你没有梦想，那将来你可能会成为他们其中一人的部属。

而在跟部属相处时，从职场管理的维度，你一定要把自己的情商和团队氛围打造的能力提升上来。下级愿意一心跟着你，前提是你身上有过人的闪光点，把你的长项发挥到极致。做到这些，你还要很尊重他们每一个人，能

像挖掘自己的优点一样去发现、培养他们的闪光点，这样你的下级就都会成为你的粉丝。

问：您同意吃亏是福这句话吗？想请您谈一下对这个观点的见解。

我想，《道德经》第七章中有关天长地久的论述可以解答这一点：“天地之所以能长且久者，以其不自生，故能长生。”“非以其无私耶？故能成其私。”也就是说：天地之所以能长长久久，是因为它不是为自己而生，就跟水一样，善利万物而不与万物相争。大道如此，小事也一样。

比方说：你辛辛苦苦跟了很久的一个客户，结果却跟其他同事签约了。可能有人就会因此牢骚抱怨，甚至从此对那个同事抱有成见。可是我们不妨从另一个角度想一想，为什么客户愿意跟他签而不跟我签？是不是因为我自己有做得不到位的地方？如果真能这样每天都借事反思而不是借机抱怨，我相信他未来获得的成就可能会比今天签单子的那个人要更高。

如果事情已经发生，那我们就必须要从中吸取经验教训，有志者要有及时翻篇的能力，不能让自己沉淀在过去某一刻的失误或怨恨之中出不来。只有当我们把人生的维度拉长、视野拉远，才能领悟“塞翁失马，焉知非福”的处事哲理。

问：您觉得职场处事应该高调还是低调？又或者说：什么时候该高调，什么时候该低调？

我是觉得，做事情一定要很高调，做人呢就尽可能相对低调。当然，这个说起来容易，做起来不易。

怎么理解做事高调呢？比如说为什么我们在杭州地区营销能做得好，因为我们每一场营销活动中，只要是向外能展现的，都是最豪华、最高级的。像去年公司年会我们在杭州雷迪森举办的，邀请了行业最牛的人和设计师，包括排练都请了专业级导演来指导，团队全部统一形象，仅大电子屏就用到60多平方米，一下震撼到很多人。他们说：“哇，郭总，你这年会规格很多上市公司也比不了”，这就是对事情的高调。

对普通员工也是一样，立目标时要敢于在公众面前喊出来：我这个月要做100万！这个时候就需要高调，这样才能激发出自己内在的潜力和才能。

低调做人是什么意思呢？就是你事业做得很好，但见了人你还是很谦卑，与人相处时能考虑到对方的感受，这时候对方就会愈发的尊重和敬佩你。而不是因为你有成绩有结果，见了人你就鼻孔朝天，那就很招别人讨厌了。

管理者应先让自己融入，进而容纳他人，最后才能融化团队

问：一个员工要具备什么样的品质或能力时，才可以被提拔到管理层？

第一个能力，还是在于拿结果的能力。为什么我在很多地方都反复强调要结果，做员工时，个人要能拿出结果，做了管理要能带着大家继续拿出结果！因为你作为一个管理者不能带大家赚到钱，这个团队肯定走不长久的。那怎么保证做员工时有结果，做管理时也能一样有结果呢？在正式提拔他之前，可以先让他带两个人看看，就像带徒弟那样。如果这一两个人他都带不了，那可以想象给他10个人他一定也带不好。

所以，第一个能力也可以称为复制自己、培育员工的能力，这是最核心的。然后就是自己的专业能力以及协调、整合资源的能力。

问：今天“95后”“00后”员工往往都很有个性和自己的想法，那您觉得现在的年轻人好管理吗？

从管理的维度来说，我觉得员工好管或者不好管都是相对的。这个相对指的是，我们设计的管理方式能不能让大家产生共鸣？如果能，那就好管；如果不能，就是不好管；时代变了，现在大家作业的工具是互联网，未来则是人工智能，因此企业和领导者都要及时转变观念，用与时俱进的管理理念去带领现在和未来的年轻人。

就我们公司而言，我认为还是很好管理的，不存在不服管的现象。就像我前面说的，我们在游戏规则以及奖励机制方面的设定还是很有意思的，畅众当前的主流群体在“85后”和“95后”之间。因此在制定各种规则的时候我们首先要满足一个条件，那就是：好玩，把工作中的竞争设计得就像竞技类的游戏一样。当然，只是相对好玩，工作是不可以绝对好玩的。

问：您认为提拔一个中层和高层管理者，在用人的考量上有哪些不同之处？

最核心的不同便是全局观。

比如在我们公司提一个店长上来，那他只需要做好自己门店的管理就可以；但要是提拔一个事业部负责人上来，他还要能兼顾其他部门，比如设计部、售后服务部等部门的利益，甚至是站在整个公司的利益去对待自己部门的决策。

店长级的中层管理是公司在执行层面的管理者，就像公司的腰和腿，只要管好人、做好事就行。而像事业部负责人的位置已经是公司的心脏部门了，因此他还要具备一定的战术规划能力与创造性思维的能力才能胜任。

问：管理者要如何管好那些比自己更专业的员工尤其是资深老员工？

我觉得，不管是一个新员工刚进入一家公司，还是一个老员工刚上任一个部门，第一步要做的就是（让自己）先融入，然后再容纳（他人），最后才能融化（团队）。

管理者只有快速融入这个集体中，去观察、了解每一个人的特长和短板，才能知己知彼百战不殆，你都还不了解大家就急于想管理别人，你凭什么做出决策？又拿什么信服他人？在这之后，管理者要至少从团队中寻找几个跟你在思想频道上能达成共识的下属，这样就会有第一批向你靠拢的支持者，然后你的决策才能像一台开动的推土机一样稳步前行。最后，当所有人都看到你能带领这支队伍解决问题、拿到结果时，这时候不管多老的员工都会被你折服，自然而然也就愿意接受你的管理了。

问：您支持下属越级汇报工作吗？

越级汇报在我看来，本身并不是什么大问题，但更高一级领导的反应是个大问题。

比方说我是店长，乔老师你是我上司，有一天，我的一个下属遇到你之后，就跟你说起我平时怎样怎样，这个时候你的反应就显示了管理的艺术。也就是说，越级汇报的关键不在于员工说了什么，而在于更高一级管理者如何应对。你看现在很多大企业都开通了诸如企业家直通号、客户直达号、员工投诉信箱等等，那这些措施的目的是什么呢？不就是为了更快速地反应问题、解决问题吗？

因此，当高层领导接到员工非常规的越级汇报时，一定要判断出这个问题的性质和属性，他反馈的事情到底是属于肤浅的问题，还是本质的问题？是制度的问题，还是上司人品的问题呢？所以，我对于员工的越级汇报并不存在应不应该和好不好的概念。

准确地说是工作不能越级汇报，否则中层管理者就废了，但遇到问题是可以越级反映的。

如果某个员工经常性地越级来找你，可能基于两个原因：一个是不得已来向你求助，还有一种是每次找你总能解决问题，所以习惯性地遇到问题就想到你。所以我前面才说领导人对问题的反应才是关键，你要判断他找你谈的这类事情到底是什么属性。

比如：曾经有员工来找我特批价格（打折），我说价格问题公司是有明确规定的，这事不能找我，你应该去找谁谁谁。所以这个员工以后再没有找我批价格，否则我今天给他批了，你信不信明天他还会为这事再来？而且保不准一会那个中层也会来找我。但反映问题就不同了，比如上司的人品问题，或者故意为难下属，又或者是工作作风等问题，员工向上反映的通道必须保持通畅！如果不通，那这个员工以后也废了。

问：如果您培养出来的某个人才最后却跳槽到了对手那边，会不会影响您以后对员工的继续培养？

作为我来说，我觉得是没有影响的。“怕听蝲蝲蛄叫，还不种庄稼了？”

每个人都有自己的志向和活法，人才离职虽然也正常，但我也会反思是不是我给的还不够？是不是我的包容度还不够？等等。所以不但不会削弱培养，反而还要加大力度！一个人才走了，你就能让更多的人才起来，这才是高手。我现在请的人才中有很多都是行业老师级的。一方面这说明了人才跳槽是正常的、市场化的；另一方面，也证明了我们公司还是很有吸引力的。

对追梦者来说，工作是事业的第一阶段，要善于取舍

问：有没有员工不爱学习的？如果他还是管理层，这时候您会怎么做？

前面我们曾说过，时代在进步，公司要发展，员工也必须成长，这样大家才能一直同步同频。

我们评估某个员工的成长快慢，一个是看结果，再一个就要看过程。结果就是你呈现出的业绩数字有多少增长。如果你是团队管理者，那除了你总业绩的增长，还要看团队的人均效能，这个很容易得出判断。过程主要靠学习，其实工作本身就是一种（在事上）的学习方式，边打仗边学习。那除了在实战中学习，公司每周都会组织由各个管理者和优秀员工主讲的课程或分享，这是一种学习型组织的氛围和文化，我们要求所有的管理者必须带头参与！因为你在学，员工才更愿意学！我自己到现在也保持着学习的习惯，每天早上起来后我都会读《道德经》《了凡能量诵》等，只有不断自我充电的人，内心才能升起更高维度的能量，来帮助指引我们的人生得以更好地前行。

问：咱们畅众连续 7 年蝉联火星人全国第一，如果请您总结出最核心的 3 个原因，那会是什么？

第一个，就是人生自我的定位和目标感。当你明确自己属于什么样的人，即使没有别人驱使你，梦想与信念带来的自驱力也会让你必须要成为那

样的人，这就是把优秀变成一种习惯。

再一个，也可以理解为责任感。可能我这个人比较好面子，这个面子的意思是说，只要我去做过的事情就一定要给自己一个交代，同时也是为了给给我机会去做这件事的人以及跟着我一起去完成这件事的人一个交代。这样才能对得起大家，也对得起自己，就是有这种感受。

最后，能有这样一个被大家公认的成果，其实我只是起到发动机的作用，然后将这样的信念传递给了大家，团队里的大多数人在心里都有极强的荣誉感！他们觉得冠军就是自己家的孩子，任谁都不能把它抢走，这个第一就应该是我们的。这就是我的团队和伙伴们最可爱、可敬的地方。所以拿到七连冠的结果，我只是起了发动机的作用，你今天这样问我，也许我回答的并不很完整，但我脑海中想到的就是这些。

问：职场中，当员工在打拼的时候，您认为需要平衡好工作跟生活，或者说事业跟家庭之间的关系吗？

如果是在员工阶段，想要在奋斗的路上平衡好工作跟生活的关系，其实还是有一定难度的。

对心怀梦想者来说，工作是事业的第一阶段，这个时候还是要有所取舍，毕竟保证结果才是首位的！你唯有集中精力、开足马力，才有可能在重重竞争中逐渐脱颖而出。假如你在起步阶段就想又有好结果、又有好生活，最后一定是两样都得不到。

当你觉得对未来已经能够游刃有余的时候，就可以考虑生活和工作的平衡。比如说：当你在岗位上花上几分的力量，就能有很好的结果，那就可以考虑投入更多的时间去享受自己的生活。

除此之外，我们大部分时间都要像挖钻井一样，把管道打通、打透，然后才能有资格去享受生活。

问：对于未来，郭总有没有什么让您担心或者烦忧的地方？

目前还没有，或许以后也不会有。

经历了那么多的事情，我发现自己是个天生积极的乐观主义者，在人生每一个重要的节点我都遇到了贵人，无论未来发生什么，我都深信一切都是最好的安排！我们能做的其实就是逢山开路、遇水架桥。对于自己的人生我觉得是幸福的，这种幸福感可能就体现于内心中的一份柔软，就像我在开车还有遇到陌生人时，都会不自觉地微笑一下。

不忙时，我也很喜欢去找一些不同领域，但能量场很强的高手们去聊天对话，这也是给自己充电的另一种方式。一个人再强，也有需要充电的时候，我发现我的很多灵感以及遇到的困难，都是在听故事、聊人生的过程中想到和解决的。就像今天我又遇到了乔老师是一样的。（彼此大笑），你采访我的每一个提问都让我又一次重新唤起了脑海中尘封许久的记忆，忆往追昔才能继往开来。

问：最后两个问题，郭总从白手起家一路走到今天，您认为自己是一名成功人士吗？

成功可能还谈不上，应该说经历比一些人要更多些吧。

应该说，成功没有一个标准定义，也永远没有止境。我对成功的理解是：做成一个受人尊敬的伟大事业，让无数的人能因为你的成就而受益！当你在用你的力量去温暖更多心灵的时候，你就离真正的成功不远了。而现在，我还在实践这个使命的路上。

当然我现在还算年轻，希望在10年、20年之后当乔老师你再问到我这个问题的时候，那时候的我能回答你一句：我正在走向成功。

问：采访临近结尾的时候，您还有什么话要特别叮嘱或送给本书的读者朋友们吗？

但行好事，莫问前程。

就像许多年前，父亲在我做出第一个决定时告诫我的那句一样：你选的路你负责，将来自作自受。这句话的启迪一直影响我到今天。职场中，你今天要做的、想做的和能做的都是你生活的一部分，这也是在现实中不断地修炼自己、提升自己的最好方法，除此之外没有捷径。只有不断地在工作中去提升自己的心性品质和能力，不断地为社会创造价值才能获得更大的舞台空间，我们才会在这个过程中越发的成熟和自信。

人生的幸福本质其实真的很简单，吃得下、睡得着、笑得出。祈愿每个人都能在人生这条修行的大道上，不断地审视自己，用心选择，用心守护！这，大概就是幸福的真谛吧。

The 3rd Chapter

第三篇

对话周颖：内心圆满才能成就美满的人生

人生求索，进退有据！取是一种魄力，舍更是一种智慧。

凡志存高远之人，也都能取敢舍——取舍有道，才能圆满心灵，才能不为一切外物所迷，专心致志地去奔向美满人生的康庄大道……

人物简介

周颖

新疆疆来餐饮文化管理有限公司	董事长
大河宴鱼馆、鱼匠豆花麻辣烤鱼等	品牌创始人
中国人民大学新疆校友会	副会长

改革开放 40 年新疆餐饮 40 人

至今已在全国开设 85 家连锁分店

第 1 章　家道浮沉｜懵懂中：绝境明理悟世事

书传奇：十年一剑工匠心

成败兴衰孰人定？江山辈有传奇出！

面对未来，无数的年轻人都曾憧憬要用奋斗去书写传奇；而当回首过往，不少人却发现终此一生都在为生存与安全感而整日忙碌。于是，许多人不由得发出感叹：在竞争空前激烈的当下，想要拥有传奇般的人生是何其艰难呀！

然而，当此类的感叹被本篇的女主人公听到时，她一定会告诉你：我命由我不由天——这句人生信条在任何年代都一样的成立，永不过期！

她，曾经是这样一个“后知后觉”的“80 后”女孩：上学时交不起学费，以至于 9 年义务教育尚未读完就主动辍学助家；16 岁开始踏入社会，找工作只能当饭店服务员、饮料促销员、酒吧推销员……

她，同时又是“80 后”女性奋进者的传奇典范：新疆疆来餐饮文化管理有限公司董事长、“大河宴鱼馆”等多个知名餐饮品牌创始人，旗下员工 1000 多人，由她一手主创研发的多个餐饮品牌屡创行业奇迹，“大河宴鱼馆”至今已在全国拥有 85 家连锁分店……

她就是本文的女主人公——周颖，曾经在街边摆过地摊、卖过糖葫芦。2000 年，用借来的 2000 元本钱开设只有 2.5 平方米的“韩氏烧烤”店起家，到后来的“喜湘逢”中餐馆，再到今天已成为新疆餐饮界名片的“大河宴鱼馆”，周颖再未离开过她深深挚爱的餐饮行业，至今已历整整 20 个年头。

“以往人们提到新疆的美食，还停留在烤羊肉、大盘鸡这两道菜品上，但其实真正的新疆美食远不止这些！新疆是我的福地，我是新疆的媳妇，我要让‘大河宴鱼馆’成为新疆餐饮的又一张特色名片。”每每提及新疆的美食，周颖心中溢于言表的深情与自豪便油然而生。

这个世界上，越有用的道理越简单，但越简单的道理也越难做到。比如：十年一剑，大道至简。

20 年来，周颖为使命与情怀而行，以不屈、韧性与工匠精神，把握生命的每一个当下，由此经受住了人生路上一个接一个的诱惑和挫折。现在的她经营着在旁人眼中已然成为餐饮界传奇的大河宴鱼馆，却少有人知道：大河宴的今天并非因为命运的偏爱，而是背后 20 年如一日的坚守、辛酸却又令人崇敬的平凡的故事。它们汇集而成，宛若清溪，百转千回，终聚成海！

在笔者对周颖长达近 7 小时的访谈中所记录的一些细节读来令一些人心生敬意，也会令一些人汗颜。有时候，我们自以为已经掘尽的潜能，与那些真正的传奇相比理应值得深思。

——她曾将一个月 713 元工资中的 700 元全部交给母亲补贴家用，只留 13 元给自己；当同事们下班后：聚餐、约会、逛街时，唯独她在下班后：读书、读书，还是读书。

——即使在她领取结婚证的当天说用休息 1 天奖励自己，却还是悄悄地去工作了；哪怕第二天上午就是婚礼，在头一天晚上，她依然工作到深夜。

——在预产期的当天，她依然挺着大肚子满怀热情地骑上电动车去派送外卖，也是生平第一次被爱人严厉警告。

……

许多人在立志之初，也曾向上天狂吼“我命由我不由天”，却又几经挫败便被打回“听天由命不由人”。而周颖只是用她一路的奋斗在生动诠释着这句话的真正含义，并以自己毕生的所悟所感无声地告诉今天的人们：

“唯匠心方得铸就品质，非极致不能书写传奇！”

童年忆：优越家境严家风

甘肃，张掖，古丝绸之路重镇，国家级历史文化名城。

张掖其名，取“断匈奴之臂，张中国之掖”之意，自古民风质朴、人文奇特，曾有“不望祁连山顶雪，错把张掖当江南”之美誉。

周颖的家乡就位于张掖市的山丹县。最初是在农村，大约在她六岁左右，也就是 1990 年的前后随父母举家乔迁到县城——这是自她记事以来印象深刻的三次搬家经历中的第一次。

在童年这一时期，周颖家境的优越超越了本书所有的其他主人公：父亲周全亮在县粮食局工作，母亲周芝兰则在气象局工作；在 20 世纪 90 年代的普通家庭中，双亲能同时进入县一级的国家事业单位，可谓为数不多的小康之家！

大概是曾在新疆当兵多年的缘故，周全亮属于非常传统的西北大汉。在当时讲究“传递香火”的时代环境中，一个男人最重要的便是无论如何都要有一个儿子。在接连生下三胎女儿的情况下，周全亮夫妇被公职单位先后开除，一年后，周颖的弟弟来到人间，周全亮终于得偿所愿。

被开除的日子并没有难住这个生性乐观的西北汉子，在他心中：子女不是男人事业的软肋，而是坚实的盔甲和力量源泉！并且，那时国家已开始改革开放，今天人们所熟知的诸多老牌企业几乎都是在那一时期起家的。和彼时所有胆大有为的年轻人一样，从粮食局出来的周全亮几乎未做停留便决定下海经商：远赴新疆开矿，并且小有成绩！

90 年代初，周颖家电视机、洗衣机、电冰箱已经一应俱全了；不仅如此，家里还买了大卡车。用母亲周芝兰的话说就是：“你爸是一个特别会折腾的男人。”而在同学们关于周颖的认知当中，说得最多的一句话便是：“她爸是矿长。”

人们常说：父母是孩子的第一任老师，家庭是孩子的第一所学校——这话真是至理名言！

尽管家境殷实，周芝兰却始终都在教育膝下儿女“勤俭兴家，和气待人”的做人之道，无论是在农村还是县城，又或者对方是穷是富，她和周边的邻里总能处得和睦友好。在从气象局出来后，周芝兰本可以不用工作，但她深知一家之长要身体力行才能教好子女，便又专门去学习了裁缝的手艺，虽然挣钱不多，但一家人一年四季的衣服从此不愁——不过，对小周颖而言稍有委屈的就是：除非过年，平时自己的每一件衣服都是两位姐姐先穿小、穿旧以后才能穿到她的身上。

此外，周芝兰不仅家风甚俭，家教也甚严，对孩子们的错误从不溺爱迁就。小时候的周颖就很胆大、调皮，因此被母亲拽过来揍的次数在姐弟四人中也是位居前茅——关键是，把她打哭之后母亲基本上从不哄她，反而是父亲偶尔在家时会像母鸡护小鸡一样地哄着她。

有一回，小周颖的期末成绩考得很不理想，尤其数学才考了十几分。担心又要挨揍的她一赌气便撕掉了试卷，然后一本正经地告诉母亲卷子没发，但听老师说她语文考了 99 分，数学考了 100 分！一向信任子女的周芝兰不疑有他，抱起小周颖使劲表扬了一番——谁知好景不长，没过两天姐姐们的成绩也下来了，除了试卷还将一个红本本（学校家庭联系手册）一起交给了母亲。看到红本子的小周颖虚荣心上头，一时忘了那上面也有各科成绩以及老师的评语，只见她歪起头对着周芝兰说："妈，你看这个本子我也有……"事情就这么露馅了！再然后就是最惨的一顿暴揍，在周芝兰看来，小孩成绩差事小，但学会撒谎这性质就完全不同了。这一顿打疼得小周颖快要"怀疑人生"："当时又羞愧又没面子，想撞火车而死的心都有了！"

周颖还清楚地记得，那天挨完揍的她真的一路小跑到离家不远处的兰新铁路边上，但那天下午愣是没一辆火车经过，想象中的妈妈直到傍晚也没有追出来。就像只泄了气的皮球，小周颖只好带上忐忑不安的心一个人灰溜溜地走回家里，却看见妈妈的眼圈红红的，显然刚刚哭过——那一刻，若有所悟的她又回想起了母亲往日操持这个家的种种辛苦，吓得赶忙上前道歉，然后母女进行了一番长谈。

自那之后，小周颖渐渐懂事起来，很少再调皮玩闹，成绩也开始稳步回升。直到许多年后周颖步入了职场、商场，才愈发体会到母亲当年的家风、家教对自己的影响有多么重要。

巨变生：家道中落境无常

天道有序，世事无常。

新疆，马兰地区，位于新疆维吾尔自治区巴州东南部——这里曾是国家 20 纪 60 年代核试验基地的研究中心，"两弹"研发军事纪念地。

今天的马兰基地早已对外开放，成为爱国主义教育基地的国家级红色旅游项目，而当年，周颖的父亲周全亮从甘肃远赴新疆所开的矿场，便是在马兰这一地区。在 7 年尽心尽力的经营之下，矿厂的总体营收虽有波折，却还是保持着可预见的增长潜力。

由于特殊原因，当地的矿厂也因此被迅即查封，所有的设备、机器都被就地封存，周全亮苦心经营多年的私营矿厂也宣告倒闭，财务链也就此崩盘。

而那一年，小周颖即将由小学的五年级升至初中。

矿厂的倒闭不仅意味着周全亮仓促间失去了苦心经营多年的事业和全家人的经济来源，而且还有从银行和亲朋借来的贷款多达十几万元之多。现实就是这样：当听说你破产时，催债的人尤为急迫！小周颖不知道数十万元到底代表着什么，只觉得那应该是一个天文数字——事实上，直到一家人从甘肃举家迁到新疆后的多年，这笔巨债才逐渐地还清。

家境的巨变让周颖明显感受到父母苍老了许多：父亲抽烟的次数比之前多了很多，虽然在家里的时间比以前长了，但主动开口说话的时间却更少了；而一向家教严格的母亲，在她和弟弟犯错的时候，也不再板起脸训斥她们了，家庭氛围的变化让周颖姐弟感受到了很不寻常的气息，却又不敢问爸妈究竟发生了什么。当一家人从刚买下不久的市区大房子搬到偏远破旧的出租屋时——这是自她记事以来的第二次搬家，小周颖并没有问为什么又搬，只是默默地帮着母亲收拾东西，在她心中就只有一个信念：爸妈在哪，哪里就是家。

自从家道中落，一家人就开始了常年吃挂面的生活，几乎整年都没有炒过菜，有也是咸菜、酱菜。而周颖自己，也就是在这一时期学会了自己煮饭。

尽管周全亮和周芝兰已然尽力在为子女们撑起一片天，但是，贫困家庭百事哀，生活的巨变终究还是不可避免地波及到了已是少年的小周颖，也造成了她有生以来的第一个重大遗憾。

学业止：辍学助家辛酸志

季节有春秋，草木有枯荣，人生有终始。

20 世纪 90 年代的教学环境中，全国在校生的志向都一样的质朴、向上，长大后要当科学家、医生、警察，是那个时代学生的共同理想和愿望。

即使正在经历着家道中落带来的种种落差感，长大了做一个对社会有用的人的信念也依旧深刻于心。怎么才能尽快重振家业就成为周颖心中渴望的首个目标，尤其在第二次搬家后短短两年多的时间里发生的一系列事件，无时无刻不在刺激、点燃着她内心的成熟、性格的独立以及对人生未来的思索。

那时候，周颖在学校面临的现实是：从她刚步入初二开始，她和弟弟的学费家里就已经供不起了。老师也开始不断地对她公开点名：“周颖同学，明天让你家长来学校一趟，再不交学费你下学期就不要来了。”而每到这时，同学们的议论和指点更是让她难以忍受——少年时代的自尊心已经觉醒，更何况还是个家里曾经那么有钱的女孩。

叫家长是不可能叫家长的，周颖发誓这辈子都不可能让家长因学费被老师请来。此刻，父亲为了还债整日在外东奔西走，借东墙来填补西墙；母亲更是白天在一个做劳保用品的被服厂里做技工，晚上就抱着很多半成品的裤子回到家里做手工嵌裤边，那时嵌一条裤子能得 5 分钱，一个晚上可以挣上几元。很多时候，已经睡下的小周颖睡醒了一觉，睁眼就看到昏黄的灯光下母亲在嵌裤边；又睡醒一觉，再抬眼，那个灯下的身影依然还在嵌着裤边，鼻子一酸的周颖泪水再也止不住地滚滚而出……周颖感觉到，母亲这是在透支自己的生命想要支撑起家里的生活和姐弟四人的学费，她隐隐地意识到这样会加速拖垮母亲已日渐老去的身心。

懵懂间，周颖觉得自己应该在这时候站出来为这个家做些什么：既然两位姐姐已经读到了高中，那就应该让她们实现考进大学的梦想；而弟弟作为家里唯一的儿子，还有着要“承继香火”的使命。母亲勉强供养两人的学费已经捉襟见肘，又哪里还能负担得起四个人的学费和开支？

一直未能转好的家境加上长期超负荷的劳作，导致周芝兰最终还是大病了一场。母亲的这次生病给已经读到初三的周颖内心以强烈震撼，她明确地意识到：钱是可以再赚的，但父母亲才是她们的天！那一刻她再也不愿意回到学校，一天都不想再去。

仿佛一条离开水上了岸的鱼，周颖记不得是从什么时候起，在课堂上的呼吸都是那般的令人窒息。

于是，她向母亲第一次正式提出了辍学的想法，但却遭到了周芝兰的严厉斥责和反对，她不愿看到自己的任何一个子女在未来的人生路上留下遗憾。

其实，周颖打算辍学从工的决定也并非一时的头脑发热，而是由来已久。

早在从初一开始，每逢放假之时周颖都会带上弟弟以自主勤工俭学的方式，到离家十几里开外的一家从事药用科研的农场帮忙收割药材贴补家用。每天早出晚归的姐弟俩一天能挣几元钱，一个假期下来可以赚到 100 元钱左右。每当周芝兰看到大汗淋漓、满身脏兮兮但脸上却十分兴奋的女儿把工钱交到自己手上时，一双已布满血丝的眼中满是心疼与骄傲。此后每当家里来了客人，周芝兰便会含笑地指着周颖告诉对方：“看，我家的娃儿们都能为家里挣钱了。”

有时候人就是这么奇怪，当对一个方向的付出一旦得到认可和回报，这个思想的种子便会在心田中落地生根：一定要做个有钱人，永远都不再让家人因为钱而发愁落泪！最终，拗不过女儿一次次床前央求的周芝兰含泪默许了女儿的辍学请求。第一次，周颖看见了泪花在母亲眼中是如何打转的。

尽管这个决定在许多年后的今天看来，未能读完初中便辍学的确是她人生中的一大遗憾，但周颖内心的坚毅和果敢与父亲周全亮无二：一旦认定，绝不后悔。

那一年，周颖时年 15 岁。

小节回顾 ‖ 笔者总结

1. 外因只是影响，内因才是根本。

家庭条件的富足与否只是一个人将来成就的外因，但最根本的还是自己，自己才是自己的第一个贵人。

2. 再穷不能穷教育，父母是子女最早的启蒙老师。

父母是子女的最好榜样，无论小时候的我们所受到的教育如何，已经无法改变。但我们现在能做的就是以身作则地教导、熏陶自己的子女，这对他们的将来非常重要。

3. 永远不去抱怨自己的家庭，而是应该尝试为他们分担。

很多时候，父母给我们的不一定是最好的，但却已经是他们所能给予的最好的！人的懂事和感恩，就应该从学会为家里分担开始。

第 2 章　厚积薄发｜涅槃路：漫道雄关真如铁

库尔勒：三度乔迁为新生

孟子曾言："人性本善"；荀子又说："人性本恶"。

两位儒家的古圣先贤各自一语道出了深根于人性中的复杂两面。人性，既有善良感恩，也有刻薄寡情，只是看人生长在什么样的环境里。

随着家境状况的持续恶化，周颖一家人在县城的处境也愈发艰难：父亲再次去新疆发展未果，已经很久都没能往家里寄一分钱。而即便周颖辍学助家，再加上母亲在被服厂每天起早贪黑所得的微薄收益，也远不够家里的开支所需，为此二姐和弟弟已经先后和周颖一样被迫辍学，还得应付不时就突然上门讨债的亲戚朋友。但相对于现实的绝境，最让周芝兰受不了的却是街坊们的流言蜚语。在一家人最穷的时候，人性之中那刻薄寡情的一面被上演得淋漓尽致。

1999 年 8 月 28 日，这是个关系到周颖和一家人命运转折的日子！那一天，山丹骄阳似火。

久经思虑之下，性格要强、果敢的周芝兰决定举家离开甘肃，迁往新疆和周全亮汇合。"我妈那时就觉得，哪怕要饭也要一家人在一起。"不过，周全亮起初对妻子的这一决定是有着顾虑和不同意见的，因为他当时在新疆的发展还未打开局面，一大家子过来后该如何安顿？毕竟再不济，山丹还有不少的亲戚朋友和街坊邻居可以照应——而这一点恰恰是周芝兰铁了心要搬的重要原因。在家里落魄如斯的当下，除了上门讨债的，往日笑脸相迎的一众亲友几乎都恨不得离你越远越好，又何况那些非亲非故的乡邻？更重要的是在这样的环境下，长此以往对几个未成年子女的身心必然带来不好的影响。犹如古时的孟母三迁，周芝兰觉得应当为子女们创造一个自然和谐的成长环境。周全亮最后选择支持妻子的决心。

就这样，除了毕业后已经在县武装部上班的大姐暂时留在山丹，母亲带着周颖、二姐还有弟弟一行四人开始了第三次长途搬迁的准备。

和以往不同，这次搬家像逃荒一样，就连家里烧火的煤气灶、锅碗瓢盆一应物什全都带走，总计装满了 13 个大包小袋，每个人身上都肩扛手提 3~4 个包包。而当一家人远行的脚步来到兰新线的铁道口——这片曾伴随幼时的小周颖时常嬉闹玩耍与长大的见证之地，以前每次来此周颖都没太在意，今天才赫然觉得这闪闪发亮的铁轨就像一架刚毅的长桥，蜿蜒曲折却充满坚定地伸向未知的远方，在阳光的照射下显得更加铮亮耀眼——沧海桑田，人生多变而铁轨依然。曾经有多少趟列车驶过这里？铁轨是否也和人生一样没有直路，只能绵延向前？铁轨的尽头之处，又将通往何方？

久久地凝视着远方视线中的山峦，不远处还有许多正在田间辛勤劳作的人们，思绪万千的周颖一时间有些恍惚，就这么静静地止住了脚步。她隐约地感觉到这里很可能今后再也不会回来了，而从此刻起自己便已真正地长大成人，一种无法言尽的乡愁不断涌进心中……直到在前面已走好远的弟弟叫了好几遍她的名字，才把她的神思重新拉回现实。

用力甩掉脑中的念想，深深地吸了一口气，在大步奔向远方之前，周颖最后一次举目深情地环视了目光能及的家乡，仿佛要将这一幕幕的画面都刻进心田。

服务员：人生征途初起步

在历经了 2 天 1 夜的“一站式”长途车程，绿皮火车终于将周颖一家人带到了全家生活的下一站：库尔勒——新疆 · 巴音郭楞蒙古自治州的首府。

作为古丝绸之路的中段咽喉和西域文化的发源地之一，库尔勒是连接南北疆极为重要的枢纽。不过，库尔勒之所以能为无数普通的中外民众所熟知，却是因为这里久负盛名的“库尔勒香梨”，因而，库尔勒又有着“梨城”的美誉。

但此时的周颖是没有任何心情去考究库尔勒的美食文化了，在又挤又热又闷的绿皮车厢里连续站了 34 个小时的她，出站后第一件事就是一头扎进父亲安排的一天收费 15 元的小宾馆里，恶补了一觉。8 月份的库尔勒，明明墙上的时钟已指向晚上的七八点钟，但西边的天空中还红通通的晚霞却分明地告诉刚刚醒来的周颖，太阳才刚刚落山。

民以食为天，食之源是先要有一份可供立足的工作。

初来乍到的周颖对工资要求并不高，但必须满足一点：包吃包住。保证生存始终都是人类的第一刚需。

碰巧，就在周颖一家人暂住的宾馆楼下小饭店的门上，就贴着招聘告示。大概是周颖注定了这辈子要与饭店结缘，主管招聘的厨子很快通知她和二姐第二天 11 点钟来上班。但仅仅才干半天，饭店的老板就以没有健康证的理由辞退了她俩。

彼时，周全亮自从矿场关闭之后，辗转在当地一个老战友的钢材市场里合作管理库房，一时尚无起色，骤然相聚的一家人每一分钱都要掰成两半花，就连在外每次吃饭都只点一份水饺，但就是这一份竟然也吃不完。每次周颖都是才吃几个就大叫吃饱了，随即把筷子往桌上一放；接着，二姐和弟弟交换了一下眼神，也跟着把筷子一放，而每到此时，即使见过无数大风浪的周全亮夫妻也被这群懂事到可爱的孩子们弄得哭笑不得，只好故意板起面孔"严令"大家不得浪费食物。

粥煮到一定程度，必用文火；人遇到一定境遇，需有耐心。

从来到库尔勒，周颖先后找过好几份与"饭"有关的工作但都未能长久。直到这一天，她看到了库尔勒当地高档次的饭店"长福宫"，这个在她一生都占有极重要位置的成长福地。

如果说，初中时代要"成为一个有钱人"是年少的周颖隐约懵懂间立下的第一个志向，那当她第一脚踏进这家灯火通明、富丽堂皇的酒店大堂，便在内心种下一颗非常清晰的目标火种："有朝一日，我也要开一家这样的高端大饭店，才算不枉此生。"

人还走在大厅中央应聘服务员的路上，心驰神往的周颖已在心中暗暗这样告诉自己。

岔道口：命运转折一念间

成长的动力源于目标，成功也是。

方法与方向、成长与成功、目标与目的，无时不在前行的路上考验着我们的智慧，洗涤我们的心灵。

自记事起，周颖自小深受父母亲耳濡目染的教导熏陶，在学生时代的见解胆识就比一般女生要高出一筹。在她心中最大的榜样和偶像就是父亲。因此，当得知母亲打算举家迁往新疆与父亲汇合时，她几乎是举着双脚赞同的。她做梦都想成为像父亲那样厉害的人，若不是要留在家为母亲分忧，还在刚辍学的那会儿她只怕便要追随父亲到新疆打拼了。

从对于人生的自我定位和明确的事业方向上可知，周颖身在职场的时间显然不会太久。

而让周颖在长福宫干得非常起劲的首要动力却不是别的，而是被几乎所有女生们喜爱的美食所吸引，更确切地说，是这家饭店号称招牌的黄金大饼和麻圆。

大概是这几年的日子过得过于清苦，在周颖瞧见金灿灿的黄金大饼和香气逼人的麻圆时，她瞬间眼前一亮。她觉得在还没有尝过这两样美食之前，那是无论如何都不能辞职的。

“后来得偿所愿了没？”笔者笑问道。

“那，肯定的啊！就是吃到了才觉得可以辞职啊。”周颖也是一阵大笑。

黄金大饼、麻圆都是能进包厢服务的服务员才有资格吃到的。起初，周颖作为新人都只能协助老员工打点外围，很快管事的经理就发现，这个名叫周颖的小姑娘在执行力、服务意识和眼里有活的那股劲儿当真强到可以用“天赋”来形容。于是，仅仅才 20 多天，周颖就破格通过了饭店在试用期间的各项考核，并成功被分配了一个包厢。

缘落缘起，犹如花谢花开。只要你一直保持优秀，哪怕是意外，生命中也会有一些特别的精彩。

就在周颖正式提出辞职申请的当天，坐等结算工资走人的她却很快被叫去了经理办公室，随即就看到了一张布满疑惑与阴沉的面孔。

“周颖，我们怀疑你是卧底，老实交代你是不是？”这是经理见到她劈头盖脸甩出的第一句话。

“啥？啥是卧底？”在当时大脑里的知识储备中，周颖对这一词汇完全没有概念。她连铺在餐桌上的口布都叫不出来名字，每次去吧台领口布，她喊出来的都是：“那什么？对了，吃饭的手绢给我来一打”。

“你之前说自己从没干过服务员，如果你不是卧底，为什么才来就有那么专业的工作表现？”

“整个库尔勒都知道长福宫，如果你不是卧底，为什么才刚刚被升职，你就急忙要走？……”经理的这一串话就像一挺机关枪。

“我要怎么才能证明自己不是卧底呢？”

“除非，你不再坚持辞职。”经理终于幽幽地开口。

就算周颖再迟钝，也看出了最后这一句才是经理的真正目的。原本，周颖是打算辞职后先去路边摆个地摊的，像父亲那样下海从商是她一直以来的梦想，有本钱她就做大生意，没本钱她宁愿先做点小买卖。

但她终究没有开口反驳经理的观点。

16 岁的碧玉年华，充满无限可能的人生才刚刚开启。周颖也觉得自己还需要有更多能力上的沉淀和积累，而在长福宫，应该还能再学到不少的东西吧！

在做出留下这一选择之时，彼时的周颖当然不会意识到那一刻她其实正站到了命运转折的十字路口，而恰恰是这一念间想要继续成长的心，让她今生都跟餐饮美食结下了不解之缘，最终以“大河宴鱼馆”为人熟知。

观世界：平凡岗位卓越心

高高山顶立，深深海底行。

凭什么？凭什么又是周颖？一样是服务员，凭什么每次都是周颖包厢的生意最好、消费金额最大、老顾客回顾率最高？她升职还比我们更快？

这是一些比周颖入职更早的老员工曾经发出的困惑和不解，但很快，她们就由不服转变为不得不服，最后心悦诚服。

仅仅用了 3 个月的时间，周颖就当上了长福宫的领班，之后连续半年都是优秀员工，直到再一次升任经理。许多的老顾客都曾被她真诚细微的服务感动，送来的锦旗和表扬信络绎不绝。甚至直到周颖已经离开后的许多年，长福宫在对内部的培训教材中，依然会如数家珍般地把周颖当年服务客人的事迹当作经典案例。

如果说，爱一个人的最高境界是心疼，那么喜欢一个工作的最高境界就是忘我。

卓越，便是能以忘我的精神把最普通的事情做得特别好！周颖以她的亲身体会告诉我们，非真立大志者无法洞悉挫折蕴藏的本质意义，非真有恒心者也不能觉察到工作内在的真正价值。

在长福宫，其他服务员只要给客人上完菜，站里面没一会儿就会无聊到想找个借口溜出来，在她们看来：顾客的语言又听不懂，他们有事自己再进去也来得及。尽管这严格意义上属于一种脱岗行为，但这就是当时一个普通服务员的正常想法。

只有周颖从不！

她不仅从不借故开溜，相反，她还很喜欢聆听客人之间的对话，她甚至觉得听客人们聊天是一种享受和成长机会！人与人之间的感恩总是相互的：客人们因此记住了她无微不至的周到热诚，而她更感恩客人们无意中对她的成长启迪。他们见多识广、话题开阔，言谈中分享的许多见闻都是她以前不曾了解到的。身虽未至、心向往之，这些无疑使她的身心受益匪浅。虽然每次一站都是很长的时间，中间也不能插话，但周颖觉得自己已经是他们中的一员，她隐隐地觉得将来一定也能过上他们那样的生活。因此，虽然高跟鞋让她的膝盖骨和脚底板都饱受煎熬，但内心却丝毫没感到痛苦。即使周颖听不懂一些客人不熟练的普通话，但这并不妨碍她从能听懂的只言片语，以及其他客人的互动对话中对那些未知世界的画面自行想象。

所见所闻，改变一生！

同为服务员，人与人之间思想格局的差距由此尽显——当别人还在把工作当成糊口的营生，她却把这里当成一个通向世界的窗口。

销售人：求知求索绽青春

满招损、谦受益，只要你有学习心，人间处处是学问。

一份在他人眼中或许普通到卑微的饭店服务员工作，却让周颖见到了一个又一个的“新大陆”，更感到了自身能力的不足，也由此意识到了学习力对于人生成败的重要性。

当一个人不断接触到各类优秀的人群，就能生出对自己过去与未来的深度思索，然后果断地走出曾经的舒适圈，如海绵般地去求知求索。人生的正向循环，亦如斯而始。

在长福宫两年的工作生涯中，周颖最多的一个月能挣 713 元，且从不乱花钱的她又将这其中的 700 元全部给了母亲用来贴补家用，只给自己留下了生活开支必需的底线 13 元——包括她每个月在图书馆固定的 5 元借书卡。图书馆会员是周颖一生最早加入的一个会员，也是她当时在工作外几乎唯一的业余爱好，超强的自我克制和自律令人敬佩。

幽兰生于空谷，不以无人而不芳。

当其他的女同事一下班就开始了逛夜市和约会的时候，只有周颖一个人飞奔回宿舍，洗漱后就津津有味地一头扎进了书籍的世界，从《读者》杂志、商界杂志到故事汇、长篇小说等等不一而足。书中有没有黄金屋？周颖不知道，但正如曾国藩所说：“千秋邈矣独留我，百战归来再读书。”长期坚持自我“充电”的时光不仅让她扩大了眼界，充实了思维，也一步步地改变着周颖的气质和胆略。尤其是当她报名了电大的夜校的电脑应用专业，这时候的周颖和那个在两年前还懵懵懂懂的小姑娘，已不可同日而语了。

当周颖第二次递交辞职信的时候，那位经理依然不肯放人，为此还辗转找到了周芝兰来游说，并开出在当时颇具诱惑力的待遇条件。但这一次周颖去意已决，不仅为圆那个在很早就立下的将来要开一家大饭店的梦，还因为在当时的工作环境中，显然给不了她为改变未来所需的学习时间和机会。

“读书虽好，也是在面对黑白相间的文字，比起外面的花花世界不会觉得无聊吗？”笔者缓缓而问。

“只能说每个人喜欢的东西不同吧！当你做自己喜欢的事情就不觉得无聊，就像现在（做大河宴）也是一样，那时候对逛街什么的没一点想法，当然也可能因为那时兜里没有钱吧！”周颖电话里的爽朗笑声，即使远隔千里也依然沁人心脾。

正如古希腊哲学家泰勒斯所说：“做什么事情最容易？向别人提意见最容易。做什么事情最难？管理好自己最难。”

从 2001 年到 2002 年，周颖开始了更为充实的周一到周五每天 2 份工作，周末 3 份工作的销售生涯。从厂家的白酒促销员到各迪吧、酒吧的啤酒促销员，再到城中各广场的超市促销员，这一年多，她的双脚几乎跑遍了库尔勒市的全境！而为了省钱，周颖几乎从不打车，公交车也极少坐，就连吃饭都是经常在转场的路途中跑到母亲的早点摊位上揣上几个馒头。

在逐渐掌握了电脑应用与现场销售的要领之后，周颖又开始了至今依然回味无穷的她销售生涯中最得意的巅峰之作，也就是“单位团购”。在长达半年多的时间里，她先后跑到库尔勒的各大银行、邮政系统以及库尔勒塔指等机关大楼，一家一家地穿过门岗的阻力上门推销。仅仅在 2002 年一个夏季，周颖就赚到了 2 万元——她曾经做服务员时 3 年的收入！有着如此心性、胆识和韧性，还只是刚满 18 岁妙龄的一个小姑娘，怎不让人惊叹？

人若绽放，蝴蝶自来。

仿佛是前世注定的姻缘，就在她做酒吧促销员的这一时期，周颖找到了自己的男朋友、现在的先生，李振江。对于爱情，她的婚恋观即便在今天亦颇有可取之处：慎选吾爱，深爱吾选，择一而始，从一而终。

更加让周颖欣喜的是这一时期父亲的事业也终于再有起色，家里曾因为矿场关闭而造成的如山债务也终于还清！一时间，如沐春风的周颖感觉就连那远远的天空看上去也是从未有过的蓝。

只是，生命中的变故从不以人的意志为转移，一场更大的暴雨正在她刚刚转好的前路上悄然形成，等待着对她的到来。

小节回顾 ‖ 笔者总结

1. 既要高高山顶立，又要深深海底行。

每个人在年轻的时候，都应该有一个放飞遥远的梦想。立下大志的人，也不可好高骛远。当你正处在成长的阶段时，就该让自己像海绵吸水一样时刻在工作中锤炼自己、充实自己。

2. 每一份平凡的工作都不要混日子，每一件枯燥的事情都一定有意义。

当你身处在社会底层时，千万不要被身边的表象所迷惑，更不要被那些习惯性混日子的人所干扰。我们尊重身边所有的人，却只向最积极上进的优秀者看齐。

3. 客户是我们生命中的贵人，善待每一个贵人。

当你用真心去对待每一个顾客，对方一定能感受到！善念善心、善行善举，都在成就后来的我们。要坚信今天我们对别人的每一份付出，都一定会帮助到自己。

4. 学习要趁早，把求知当成一种享受，把奋斗当成一种习惯。

不管你曾经的学历和学习成绩如何，只要你还有改变人生的梦想，就一定要保持学习！忍受学习的孤独才是一种成熟，强大的学习力让我们配得上更强大的未来。

第 3 章　矢志不移｜梦圆满：使命在肩远名扬

尝败绩：一仗打回“解放前”

如果说，折腾也是一种遗传，那么在周颖身上绝对遗传了父亲的“折腾基因”。

如果说，每一个成功而幸福的女人背后都有两个伟大的男人，那么在周颖身上则再一次验证了这个公式的正确。父亲和爱人，这两个在她生命中占有极其重要地位的两个男人。

从小得益于父母耳提面命的教育和熏陶，周颖骨子里对事业信念所形成的杀伐果决远非寻常女性能及，而这也注定了迎娶她的男人要能接受女主外、男主内的妻唱夫随。

18 年来，李振江陪伴、支持并见证了周颖自创业以来大大小小的每一次“战役”，几乎跑遍了新疆全境！顺逆不离、穷富不弃！

在利用促销团购成功赚到人生的“第一桶金”后，周颖并没有立即实现经营饭店的梦想，而是和先生李振江一道先在库尔勒的一处商业地下街口摆起了地摊：以 5 元钱一双的成本，批发了 100 多双鞋子。这是周颖有生以来的第一场商业活动，犹如蓄势已久的一次小试牛刀，100 双鞋子很快销售一空，地摊的成功让周颖一下子找到了做生意的快感。

不久后，周颖又在以前经常阅读的商界杂志上看到一个电池租赁的广告，就是专门给 MP3 随身听、复读机等电子设备充电的机器，在花费 8600 元购置了一台充电机后，开始与各个学校旁边的摊主合作。起初倒也顺利，但这一时期科技生产力革新速度的迅猛远超预想，很快她的那台充电机便渐渐被一种新型“万能充”所取代，而那台怎么看都显得老态龙钟的笨重机器，只能被当作废铜烂铁卖掉了。

这次的水漂让周颖损失了 1/3 的储蓄，虽然很心疼，但她并没有气馁。

经过一得一失的两次生意试水后，周颖觉得也是时候去做自己一直想做的美食生意了。于是，在多方了解之后，她决定亲赴距离库尔勒千里之外的乌鲁木齐考察餐饮项目。这是周颖自来到新疆之后第一次走出库尔勒。经过考察，有一家铁板鱿鱼的烧烤生意让周颖有些动心，但高达 25000 元的技术学费又让她望而却步。她手里差不多就刚好剩这么多钱，周颖考虑到与其把这些钱全部交给学习机构，然后学成了再继续摆摊，倒不如回去直接开一家大店。

2003 年 5 月，一个时年 20 岁的女生用上自己生平积累的全部家底，还有未来先生交给自己母亲的 8800 元结婚彩礼作为饭店的启动资金。为此，周芝兰一度对这个还没嫁过去就开始“胳膊肘往外拐”的女儿“恨到牙痒”。此外，雄心壮志的周颖又从外面借款 1 万多元，一共集资了 38000 元全部用于自己喜欢的事业。这样的决策魄力确实罕见，但每个人都一定会为自己的选择买单，这也是世间亘古不变的因果法则。

饭店开张不久，周颖就发现了自己决策上的失误和冒险。从地段人流、风格特色、菜品种类以及人员的管理等等方面她都是零经验。换句话说：此刻的她并没有做好开一家大店的真正准备，也尚未具备驾驭一家大店所需的运营能级，重资投入的饭店一天平均的流水竟只有区区几百元，有时甚至几十元……遭遇一次打击已不可避免。

从最初的高调开张到再也无法支撑的低调关张，饭店仅仅开了 9 个月的时间。

这一仗，性格坚定却也懂得刹车止损的周颖最终收回了 8500 元，在发放最后一次人员工资与其他费用后，一共就剩余 13 元的总家底！辛辛苦苦好几年，一仗回到解放前。假如，把她这次开饭店的过程当成一场战役来看的话，“倾举国之力”出征的 38000“将士”全军覆没，一时间，周颖欲哭无泪。

小败无妨全局，大败却已伤筋动骨。

在当时，除了她自己积蓄的血本无归，还搭上了未来的结婚彩礼以及一万多元的外债，其中就有李振江从父母那里拿来的一部分。尽管这些钱和父亲当年几十万的债务相比算是小巫见大巫，却是她生平第一次的欠款度日，若以当时的工资收入想要还清，即使不吃不喝也得干上 2 年。

在周颖刚刚转晴不久的头顶上空，再一次变得阴雨绵绵。

创新篇：再起东山烧烤店

在这个世界上，永远都存在着这样一类人：

她们在失意时对命运永不服输，即使只剩一口气，也会竭力拉住成功的双手，除非上天剥夺了她们的生命！而她们得意时又不忘本，反而比之前任何时候都更懂感恩，并能以自己的成功去回馈更多的人。

因此，我们也可以骄傲地说：这个世界上，正是有着这类人的存在，才让我们对于未知的未来充满了力量与信心，他们也让我们由此懂得人生理应百折不挠，人生也能够初心不悔。

首战折戟后的周颖并没有听从老人们的意愿返回职场，而是在短暂地思索和总结后很快便再度抖擞精神地寻觅着每一个可能的商机。开弓没有回头箭，创业就像一场无法回头的探险，对她而言，曾经的销售生涯已经意味着在员工时代的最后一份工作。

顺境思难，逆境求变；达时还愿，穷时问心。此有志者为之，有恒者勉之，正如此时的周颖。

命运的二次转折很快便悄然到来。

周颖有一个经常一块玩的闺蜜在摆摊卖冰糖葫芦，据说一天能卖到 400~500 元。起初周颖并不信：这个一串才一两元的小东西能有比她的大饭店还高的收入流水？但随后的事实很快便推翻了她早先的质疑。于是，在闺蜜的介绍下，周颖联系到了制造冰糖葫芦的上家老板，并谈妥 50% 的售价成本批发拿货。

但不久前才经历过饭店破产的周颖此时身无分文，怎么办？她想到了自到新疆后就一直在卖报纸和馍馍的老妈——事实上，此刻硬起头皮向母亲开口对周颖而言真是巨大的尴尬，因为就在差不多 10 个月前，她才从母亲手里软磨硬泡地要回了结婚彩礼去开饭店，结果却一战全部赔光。好在周芝兰深明义理，毫不迟疑地又挤出了女儿所需的 2000 元启动资金。这让周颖得以租下一个远离那个闺蜜位置的 2 平方米巷口做门面——就这样，在饭店关停一个月后的 2004 年 10 月，周颖的糖葫芦小店又挂牌开张了。

人的头脑在逆境中所生发出的每一个智慧启迪，都是上天对你不懈付出的鼓励与嘉许，而这也意味着：未来的好运正在与你同行。

犹如父亲当年下海开矿，周颖终于体会到了什么叫“一炮打响”，在周六冰糖葫芦开张的第一天，营收就达到惊人的 1400 多元，周末两天里的营收更是达到了将近 3000 元，以至于兴奋到顶点的她一天没吃饭也不觉得饿。仅仅一个冬季，周颖就一举还清了此前的所有外债，还有不少盈余。

2005 年 4 月，尝到甜头的周颖毫不犹豫地再赴乌鲁木齐，交齐了上次没看上眼的 25000 元烧烤学费。历时一个月学成而归，随即就在库尔勒一家电影院旁边的档口开了当地第一家“韩氏烧烤店”，生意不出意外地再次爆棚！也正是这次开的烧烤店，让她沉淀已久的潜在经商天赋突显了出来。短短数年间，她愣是将一个仅 2.5 平方米的烧烤小店发展到了将近 50 家连锁的加盟分店。

明确的目标固然是一个人不断成长的动力，但唯有极致的热爱才是一个人一切灵感的来源。

直到今天，周颖每次回到库尔勒，都忍不住要到当年的电影院旁边去走一走、看一看，然后深鞠一躬。

如果不是遭到随之而来的重大欺骗与创伤，周颖这辈子很可能都会以“烧烤女王”的定位从此驻足在库尔勒，而不是后来的乌鲁木齐。

喜湘逢：蜕变人生分水岭

事了拂衣藏功名，患难富贵久见心。

倘若，我们以极大的爱和信任去热诚地帮扶一个人，却因此遇到了现实版的“农夫和蛇”，那么，未来的我们又将如何以对？

在这次被骗之前，周颖从没有思索过这个问题，也没有想过在利益面前人心竟能丑陋如斯。

那时，周颖做烧烤一年的营收大约达到 30 万——在 12 年前的库尔勒，这个数字在普通民众中的年收入中已经排在前列。犹如对事业的热诚，周颖待人也很简单，对身边的朋友更是从不设防，其中，在她烧烤店斜对门有个小姐妹经营着一间石头记饰品的店铺，周颖对她有着非同常人的信任。到什么程度呢？这个姐妹当时有着可以随时进出周颖家门的钥匙。双方关系之好，由此可见一斑。

能将一个烧烤小摊开到近 50 家连锁，周颖过人的才智毋庸置疑，越过底线的善良却成了她的短板。

有一回，这个姐妹因为饰品店长期门可罗雀，便提出要跟她学习秘方，然后去阿克苏也开一家烧烤店。为表明不会跟周颖同地竞争的诚意，小姐妹还主动在她的日记本上拟了一个协议，请求周颖能把花了 25000 元的烧烤技术传授给自己。源自心底的善良和信任让周颖没有保留，甚至在周颖夫妻去门店忙活时也不会锁门，只留小姐妹一人在家调配烧烤与酱料配方，直到一个多月后全部学成。

但颇令周颖感觉蹊跷的是，这时的姐妹不仅迟迟不再提到阿克苏开店的事，同时还将原来的饰品店停业装修，等到招牌重新挂上了门头，周颖才在猛然间惊觉：那竟然是一家与她等无差别的烧烤新店！连装修风格都一般无二，起初周颖还只是惊呆了，但紧接着让她“肺也快气炸”的是：当她想找到当初那个写在本子上的协议时，难以置信地发现原先记有协议的那一页竟然被撕掉了……

念曾经是梦，忆往事如烟。

经过一段时间的痛定思痛，缓过劲也回过神的周颖渐渐领悟到：靠投机与欺骗的人纵使能达到目的也只是一时，眼界和格局才是决定着一个人未来成就的最终根本。

2009 年 6 月端午节前夕，周颖先后投入了 160 余万、面积达 2000 平方米的大型餐饮品牌：喜湘逢大酒店，在库尔勒主城区正式开业！

犹如一场大规模的主力会战，周颖憋足了劲要将事业推向新高。可以说如果没有冰糖葫芦和烧烤店的连续成功，如果没有小姐妹的恶意欺骗，周颖断然不会在此时生起再开大店的雄心壮志。

由此，我们也可以得到另一点启示，只要能从另一个角度去看待人生际遇上的顺逆，那么所有的经历都可能转化为不断前行的助推力。

事实也再一次证实了久经商场后的周颖对于商机的敏锐预判与果敢。饭店平均每天 3 万 ~5 万元的进账流水，客人订餐的预约时长甚至排到 2 年后，以至于她不得不为响应顾客需求而提前开设喜湘逢的分店。

有一次，周颖邀请父母和公婆一家人吃饭，大家前脚刚迈进喜湘逢大堂时便有些不可思议，周芝兰甚至一脸疑惑地问道：“不是说要带我们去你的小饭馆吃吗？怎么来这么好的地方？”闻言，周颖粲然一笑：“妈，这个就是我的小饭馆啊……”

自那以后，周颖在商场上无论是赚了还是赔了，两边的老人再没有担心过，甚至当后来周颖连同银行抵押贷款共斥重资 2000 万元购下了喜湘逢地产的所有权，老人们也依旧毫不怀疑。

让她曾经痛苦者，也终于让她更强大。

战乌市：钟山风雨起苍黄

即便是站在 10 多年后的今天来看，周颖将事业的最终根据地选定乌鲁木齐，也是极具战略前瞻性的眼光。不仅其他人这么认为，就连周颖每每回忆起来，也不由得要佩服一下当年的自己。

在采访中，笔者原以为来到了乌鲁木齐，应该就意味着周颖创立大河宴鱼馆的开始。没想到，这里竟然还有一段堪称神奇的曲折故事。

重庆，又称山城，素以火锅闻名天下。

早在喜湘逢时代，周颖每一年都会带上主厨和管理团队前往重庆餐饮业考察学习，而她这辈子和火锅鱼所结下的不解情缘也就此开始。

在一次考察中周颖一行人发现有一家鱼馆的口味很是独特，就连不经常吃鱼的她也赞不绝口。周颖深知作为中餐的喜湘逢对厨师的依赖度过高，难以进行标准化复制的门店也很难有更大的发展。而当她打听到这家鱼馆也正在招募加盟时，当下便决定要将这道美食引进新疆。经过多番洽谈，周颖最后以 50 万保证金、20 万加盟金拿下了这家鱼馆在新疆区域的授权总代理。

2013 年 8 月，周颖的首家加盟鱼馆正式在乌鲁木齐市沙依巴克区的红山路宣告开业！除却代理和加盟费用，仅店铺租金及装修的成本就高达 210 万。然而这一次，预想中的火爆场面并没有到来：开张后的第一个月里，平均每天仅有 700 多元的流水，多达 1000 多平方米的门店规模和寥寥无几的客人形成了鲜明的反差比！

在当地人的消费认知观念中，诸如巴特鱼庄、胖仔鱼庄等才代表着本地吃鱼的潮流，而作为“外来户”的火锅鱼则完全不被认可，哪怕是客人进店后也大多是看完菜单起身就走。

市场的预热、改变和引领都需要周期，而在此之前，日复一日的亏损便成了鱼馆每天的固定主题词。

这一时期的周颖难受吗?

不是难受，是前所未有的饱受煎熬。

这一次，她是只身来到乌鲁木齐的，李振江在库尔勒继续负责喜湘逢。更重要的是，此时的周颖正处在产后哺乳期：2012 年 11 月，周颖的儿子顺利降生，但长期的离家竟让已经能开口讲话的儿子管保姆叫妈妈！家人并不反对周颖扩大事业，但得知她放弃库尔勒的优越生活跑到千里之外的乌鲁木齐，每天却是这般的心力交瘁，就连向来无条件支持她的先生都第一次反问她：“以咱们现在的条件你还如此费劲折腾，值得吗？”

是啊，值得吗？周颖也如此问过自己。

自己一直以来的奋斗目的究竟是为了什么？为钱，现在不是有了吗？为了家，现在不是也有了吗？

辛苦，周颖并不怕，如果定要在一天中选一个最为特别的时间，她觉得那便是黎明时分，白黑交替之际，一轮红日从朝霞的云层中缓缓升腾而起，那是光明承受住了过往的所有孤独与黑暗，重新把温暖带到人间。

何谓值得？有意义便是。何谓有意义？不后悔便是。何谓不后悔？无遗憾便是！

言出必行，行则必果。今天的周颖不允许自己再从认定的道路上半途而废！为了改变当地人的消费习惯，她先后印发了多达几十万元的免费代金券，见人就给，逢人就发，真就打出了不好吃不要一分钱的口号。也就是说顾客只要说一句“这顿鱼不好吃”，就能得到无条件的免单待遇。这无疑是一个极为疯狂又非常刺激的揽客新招。

“那么，不担心顾客也把你当成那种‘人傻钱多’的老板娘吗？”笔者也不由得冒出一个疑问。

“这个问题呀，我们员工当时也提过。万一顾客故意说不好吃，然后回去再告诉别人，大家都来正大光明地吃霸王餐可怎么办？”

“我当时就对她们讲，心里觉得好吃嘴上却说不好的人一定是少数，一个说不好吃的顾客下次还有理由再光顾吗？那如果大家都说不好，一定是我们的东西真的不好；要是这样，那我们该死，早死早超生。”话事之间，企业家的大格局与魄力令听者不禁动容。

周颖是这样认为的，也是这样去做的。对于刚看到是火锅鱼便起身要走的顾客，她拿出了当年在长福宫做服务员时的工作精神。周颖告诉顾客：“反正您是要吃饭的，不妨尝尝本店的特色，如果不好吃您直接免单走人，而如果您觉得好吃却告诉我不好吃，您依然可以不付一分钱，只要给我们一个机会就好……”如此诚恳、真切而又执着的服务理念，还有什么样的顾客不被打动呢？人们对火锅鱼的不接受多是出于不了解，而对于那些觉得好吃的顾客，则只要在朋友圈中连图带文发上一条评语，下次便能立减。

2012 年可谓中国移动互联网的普及元年，那时人们普遍喜欢在微信这样的新奇自媒体中晒时尚、晒美食，更何况还有立减，一时间吃完赞不绝口的顾客们都乐于为周颖口口相传。

皇天不负有心人，经过“海量代金券 + 顾客朋友圈”的推广，再加上产品本身过硬，在没有花费任何广告费用的情况下，仅仅 2 个月后，鱼馆便在乌鲁木齐市破局成功，并积攒了远超当地其他鱼馆的绝好口碑！鱼馆从最初的门可罗雀迅速变为门庭若市。每天都有几十到上百人的排队长龙，以至于辛苦排了 2 个小时却还没吃上的顾客甚至这样质问周颖：“老板娘你就不打算再开一家分店吗？”。

周颖还没有这个想法，但已经产生这个想法的却大有人在。

从 2013 年 10 月起，随着周颖鱼馆在乌鲁木齐的日渐风生水起，嗅到商机后的加盟咨询电话便源源不断地经由周颖店前海报的热线打到了这家鱼馆所在的重庆总部。

奥斯特洛夫斯基曾有一句感悟：“人的生命似洪水奔流，不遇着岛屿和暗礁，难以激起美丽的浪花。”

本来，生意火爆无论是对周颖还是总部都是一件皆大欢喜的好事。但让人大跌眼镜的是，在那个老板闻风亲至乌鲁木齐市考察周颖鱼馆的生意后，竟在利欲熏心之下的心理扭曲失衡了。这个老板竟同意了另一个代理商愿以 200 万高价转移乌市总代权的要求。尽管，在当初和周颖的协议上写明违约方须赔偿 50 万，但即便如此，这个老板依然可以凭空获利百万。

而最让周颖如同掉进冰窟的是：这位精明到极致的商人老板，竟然以在协议中找到的漏洞瑕疵拒绝做任何赔偿。

如果说，当年小姐妹的个人欺骗行为曾让周颖感到了心痛，那么今天商业场上这堂而皇之地背信弃义就让她真正体会到心寒了！

10 多年来，从学生时代一直到工作、创业，这一路上难以言尽的辛酸磨难周颖都坦然承受，哪怕对那个小姐妹周颖后来也送上了一份祝福。深入骨髓的诚信与善良让她不敢相信人是可以如此的没有底线。为此，她先后三次从乌鲁木齐亲赴重庆欲讨说法，但自知理亏的老板却三次避而不见。

愤怒、伤心和失望到极点的周颖第一次被迫起诉维权，最后老板被判赔 30 万并同意周颖继续作为新疆区域总代理。但经此巨变，周颖对于经营任何他人的代理再也没有兴趣，对餐饮事业的极度挚爱让她豪情满怀：今后的余生，我就应该去打造，也完全有能力去打造一个能真正代表新疆美食名片的餐饮品牌。

钟山风雨起苍黄，百万雄师过大江。

大河宴，这个周颖生平最大杰作的创建时机终于到来了。

大河宴：秉正出奇爱行远

春生夏长，秋收冬藏，天之道也。

从 1999 年第一份服务员工作，到 2014 年第一家大河宴鱼馆开业，周颖已走过了整整 15 载岁月光阴。

15 年来，她以常人难以想象的不屈意志、求知似渴的学习探索以及乐于分享的格局眼界，让出现在前路的每一块绊脚石最终都炼化成了人生进阶的垫脚石。

大河宴，取自新疆地名“大河沿”的谐音：一个吃鱼的地方。

周颖深知：在美食众多的乌鲁木齐绝对不缺一家鱼馆，唯有做出特色，唯有做成精品，唯有做到极致，才是大河宴后来居上的制胜法宝，也才符合她创业的初心与做事的匠心。

而所谓匠心，就是把最极致的美味留给顾客，然后把最复杂的繁琐留给自己！

在国人认知的餐饮领域中，诸如“盐少许”“糖少许”“小火”等都是普遍的词汇，许多主厨也是如此，佐料放多放少全凭个人的经验感觉。而正所谓差之毫厘，失之千里。如何才能保证大河宴鱼火锅从第 1 锅到第 100 锅的味道仍然原汁原样？周颖的办法是对每一道工序、流程的数字都精准到以“克”为单位，继而建立一套系统的量化标准，然后定期不断地对厨师和研发人员进行考评。

客人赞不绝口的背后，正是极致工作的精益求精！

每一种口味底料的正式推出，都要经过连续 30 天以上的闭门研发，一次次地在味道、精度上进行专业的配比和检测，并找来一批批的朋友来体验口感，然后才能推向市场，由于长时间的大量品尝底料，周颖甚至“一看到底料又端上来就反胃”。直到今天，大河宴鱼馆依然在不间断地对底料进行升级。

而在下锅之前，所有的食材全部采用活鱼。“你知道，活鱼和死鱼的成本价差是很大的，但不论什么时候，不管是直营还是加盟，我们的门店始终都一律选用活鱼。”

此外，周颖还坚持所有原材料均从全国范围内源头直接采购，确保每一道食材都是上品。

“研发创新永远在路上，我从来都不敢让自己止步！因为客人再来光顾的本质就是东西好吃又健康；东西不好了，再多的营销手段也是徒劳无功。”谈及企业经营的本质，周颖给出的答案朴素如心。

生意人的逐利之心与事业人工匠之心的核心区别，也正由此开始。

在周颖看来：在任何情况下，一个有远见的企业家都不能只想着收割合作伙伴加盟费的“韭菜”。为此，周颖还根据每一个外省加盟门店所在城市的饮食习惯不断地调整配方底料与配套服务，进一步保证了加盟伙伴的利益，无论外部竞争形势如何复杂激烈，大河宴鱼馆的每一家连锁门店始终有增无减。

始于新疆、扬名全国、走向世界，这是周颖毕生的使命，也是她永远的初心。

截至 2020 年 5 月，大河宴鱼馆的旗帜已遍及新疆、浙江、河北、河南、江西、陕西、甘肃、四川、宁夏、西藏等全国 10 个省市及自治区的 85 家门店，累计销售 260 多万锅鱼；仅 2018 年，全国大河宴鱼馆的服务顾客便达 500 万人次，而在乌鲁木齐市鱼火锅的品类排行榜中，大河宴鱼馆的市场占有率更超过 40%。

自 2014 年创立至今，大河宴鱼馆先后被授予“中国最具潜力火锅品牌”“中国最具投资价值火锅品牌”“新疆市民最喜爱火锅店”“2018 年中国最具有影响力餐饮品牌”等多项殊荣，而开创这一系列辉煌成就的周颖本人，也被众多餐饮界同仁叫响了一个绰号：“餐饮西北王”。

2016 年 10 月，作为打造餐饮集团多品牌集群发展的重要一步：新疆疆来餐饮文化管理有限公司挂牌成立。此后，大龙凤鸡煲、龙鸭肠重庆老火锅、花生树音乐火锅餐酒吧、鲸喜西餐厅等多个新疆餐饮界的知名品牌先后研发问世，长期求知若渴般的学习为周颖带来的丰硕回报终于显现出来。

多年来，作为学习的长期受益者，周颖和她的团队累计在学习上投入的直接费用已达数百万元之多。曾经在市场盲行所付出的惨痛代价，让她深深感到一个人的成长必有成本，学费不交在课堂，就会交在市场上。

“有心之人，人生处处是学问”，这是周颖经常挂在嘴边的学习宣言。

2019 年 5 月 21 日，专为构建学习型组织的疆来餐饮培训中心宣告成立，周颖亲任院长；截至 2020 年年中，疆来培训中心累计举办培训活动百余场，参课人数已超过 2532 人次，有力地支持了疆来公司的持续发展与团队的职业化进程。

正如潘石屹所说：“无论你在工作上获得了多么大的成就，在上天面前都是微不足道的。”

对此，周颖深以为然。

2020 年春节前夕，一场突如其来的新冠疫情无情袭向了中华大地，无数民众的生活、生命受到威胁。尽管位于祖国西北部的新疆相对远离疫区，但整个疆来餐饮依然为此带薪停工达 2 个月之久。在疫情最为严重的 2、3 月份，周颖更是带头号召了 17 位管理层积极投身到抗疫之中，在长达 2 个多月的时间里，以每天披星戴月 16 个小时以上的逆行付出，连续为奋战在乌鲁木齐一线的各个交警队、社区干部和志愿者们提供了爱心套餐和慰问品。而当企业复工之后，她又在第一时间对疫情期间坚守奉献岗位的这些勇士们一一给予重奖表彰。

“岁月静好，皆因有人守护，我们不能忘怀曾为守护岁月所付出过的每一个人。”

“新疆是我的福地，我是新疆的媳妇儿，我要用一生去打造新疆的餐饮名片，去影响、帮助和成就更多人，这是一件特别美好的事情！”使命深情，字里行间，由然生敬。

使命的最高境界正是以身许志，正值盛年、刚刚走到人生第 37 个春秋的周颖已然看到：在将来的某一天，大河宴的品牌之路定能走出国门、走向世界。壮心豪情，一如当年那个 16 岁的羞涩少女。

谈到成功，她认为：一个人的成功，就像学习永远没有止境，永远都在路上！正是不间断地求索求知才让我们获得了心灵的圆满，也唯有一颗圆满的心才能成就美满的人生。

行文至尾，不觉间，笔者不由心生感慨：

一个人只要永葆一颗砥砺进取、善良光明的心，就一定能生发出排除万难的强大力量，从而改变自己并影响许多人的命运！何谓传奇？活着时已是他人的榜样，即使死去，她们的思想光辉也依旧留存人间，既可恩济当前，又能遗泽后世，在每一个时代都继续发挥着效力，激励着来者，指引着后人！

人生如是，当然无愧传奇。

小节回顾 ‖ 笔者总结

1. 挫折永远是暂时的，只要还活着就仍有希望。

年轻时都会冲动，不因一时之胜败而否定自己！总结教训然后再出发，只要心还在，就能东山再起。

2. 机会不会大张旗鼓地出现，而是在不经意之间出现在你面前。

每一次人生转机的出现，看上去并不会像一个光鲜亮丽的新娘，而是一个披着斗篷的村姑。此时你既需大胆，也需细心，唯有这样，才能看到机会的真容全貌。

3. 如果你被人伤害欺骗了，千万不要怨恨对方。

人生的成长并不全都来自对你好的人。如果你遇到了不公或伤害，那么，请解决问题，然后加以总结就可以了。报复或者记恨对方只会蒙蔽你智慧的双眼，也会让人走进更大的极端。

4. 穷则自强不止，达则兼济天下。

真正的成功，并不是看你有多么富有，而是因为你的成功，能让多少人因此而更加富有！如果你失败了，请别忘记吸取教训；如果你成功了，也请别忘记回报社会。

第 4 章　对话职场｜智慧心：半生感悟尽分享

适应力是决定员工成败的首要能力

问：您觉得，决定一个人职场成败的关键能力是什么？假如一个员工想以最快的速度获得成功，他最需要做好哪几个方面？

我觉得第一个首先是适应能力吧，学习力也是为了更好地具备适应能力。

乔老师你知道我在职场的时间也就那几年，在这方面可能总结不了太多的成功道理。

我那时候人缘就是特别好的那种，对每个人我都很真诚，而且是真诚地想要去帮助她们，（和同事们交往）也没有私心杂念，所以大家也能感觉到。当我做领班时，其实并没有什么管理技巧，你想一个才十七八岁的小姑娘能懂什么管理经验？我就是业务能力强，那时候店里再也找不出比我受到顾客表扬次数更多的人，我也愿意对大家毫无保留地分享。每次就是告诉大家我用了什么样的方式方法，然后客人就接受了推荐，但我真讲不出什么高深的理论。

所以，我觉得任何员工想要快速成功，首先就是要快速地适应环境，求知若渴地去学习，让自己的业务能力过硬，这样才能得到认可。然后就是你要真诚地待人，乐于和人分享。

问：有些领导认为今天的“95 后”“00 后”没有像 10 年前的员工那么好管理。这个观点您怎么看？

时代、环境和文化教育的不同造成了人们工作观念上的巨大差异。

像我们那个时候就特别害怕被开除，因为（被开除后）找工作没那么好找的。所以你就会特别珍惜眼前的机会，老板和经理说什么就是什么，包括比你工作早一个星期的老服务员的话你都得老实地去听去做。

问：咱们大河宴的这些“95/00 后”的员工，您觉得好管理吗？

也有不好管理的时候（笑）。

我现在主要是直管各个店的店长经理，那还是比较好管理的。但据她们反馈上来的声音也能听见底下员工的各种任性或不服管。其实，时代要求我们对今天年轻员工的管理既要精细化，也要人性化，这确实考验着每一个管理者的领导智慧。

问：您觉得，员工辞职时是该先找好下家再走？还是辞职后再慢慢找下家？

其实最正确的工作观应该是“先升值、再升职”，如果我的话对于年轻人能有帮助，他们真的能听进去的话，这是我最想给出的建议。

在职场上，决定性的成长比一时的成功更为重要！在大河宴，员工无论以什么理由提出辞职，假如我认为她是个人才，到我这边都会挽留。但有一个理由除外，就是她告诉我说：“周总，我准备去创业了，在这边我也学不到我需要的东西了。”

因此，员工辞职时找不找好下家在我看来并不是最重要的，重要的是要明确自己的未来在哪，否则不管跳到哪都是在浪费（自己的）时间。现在有一些员工稍遇不顺、稍有不爽便提出辞职，然后你就会发现几年之后的他还在原地打转。

问：当人处于逆境时，是应该勇敢地去坚持梦想，还是该学会向现实妥协呢？这两个观点应当如何取舍？

这个话题的导向，可以有两方面的极端。

假如你都活不下去了，都快要饿死了，还怎么去坚持梦想呢？生存是一个正常人的第一需求，所以这时候就要赶紧找个谋生的工作，让自己活下来，人生才有希望。

而但凡有一线生机，我都是支持坚持梦想的，我们不能为了生存而生存，不为活着而活着。

问：一个员工在选择就职平台的时候，最应该考虑的因素应该是什么？

首先是学习机会吧，也就是这家公司能不能让我学到真正对自己有用的东西。

再一个就是发展空间，英雄要有用武之地。我觉得福利也好，待遇也好，在我的字典里都是不存在（问题的）。假如我去面试的话，可能我的方式就是这样的：你先不用跟我谈工资，你先看我干，先看我的能力表现，两个月或者三个月后，我会跟你谈下个人的待遇问题。我就是这种人。

（但现在很多公司可能不是这样操作的，他们是：这个岗位就是这么多钱，并不会因为过两个月看你的能力表现很好，就给你加薪。）

那，这样的公司我觉得能跳也就早点跳吧。（一起大笑）

我相信不会所有的公司都是这样的，至少我们公司就不是。大河宴有很灵活的薪酬机制，不会给任何岗位设置薪资的天花板。同样一个岗位有能力的人能拿到 5 万元甚至 10 万元，但也有人只拿到 3000~5000 元。

所以还是要看这家公司能否让你有施展能力的空间，然后给到匹配这个价值的收入机制。

眼界就像登高望山，没看见不代表没有，可能只是站位太低

问：周总似乎更推崇员工的能力，那您觉得态度和能力在成功所占的比重中，哪一个更为重要？

还是能力吧。其实态度属于一种认知，而认知也正是能力的一种。

我一向不太喜欢见到上级就忙着点头哈腰，但是办事能力又不行的人，尤其是店经理。我特别欣赏那种办事果决有魄力的员工，这样的人见到我都不用有什么“眼力劲儿”，你该干什么干什么就行了。假如我和一个顾客同时进店，那她一定是去招呼顾客而把我撂在一边就对了，我就特喜欢这样的人。

所以，我觉得我更看重的还是员工能独当一面的办事能力。

（那万一她能力很好但价值观和你不同，又或者有能力的同时也很有野心呢？）

有野心我倒不担心，但价值观确实要一致，这和平常所理解的态度是不一样的。

员工有野心我从不怕的，我们现在也是多品牌在同时运作，有足够容纳她野心的空间。那假如这个员工还想在市场上做一个更大的品牌，我都可以去投资她。我可以让她去创业，并且愿意做她的天使投资人，这些都可以，都是没问题的。但假如在价值观上不符，也就是很多方向性的东西和我背道而驰或者严重偏离的话，那这是不能容忍的。

（怎样才算是价值观偏离？有这方面的例子吗？）

嗯，我弟弟之前也在我们公司，然后大家也都会顾忌到他的这层身份。当然我弟弟的能力也很强，当过 8 年兵，转业后就一直跟着我在干，是一步步从后厨基层做到了大河宴总经理，人也很好。但是，在去年我就主动让他离开了，所有的股份都全部清退完。做出这个决定时，不仅是我的团队，就连我爸妈都来到我家求情，让我弟弟认错，我心里也很不好受，但还是坚决顶住了压力没有松口。

为什么会让他离开呢？就是因为价值观上不具备一致性。比如我告诉他我们明年的战略目标是要新开 3 家店，他回答我的则是开不了。假如换成其他职业经理人，我觉得他一定不会跟我这样说，这跟面子无关。当老板制定了这样的方向和策略，你最应该考虑的就是怎么样才能达成，而不是告诉我这样不行，然后再去列举一堆为什么不行的理由。

我制定的决策，后果当然也由我来承担，但团队一定要先去做。就好像我是开车的舵手，目标是我设定的导航，团队就是操作导航的人。导航可以告诉我要到达这个目标得翻越几座山、几座岭，导航也可以随时提出修正的路线，但绝不会还没上路就跟开车的人说："这个我导不了，"更加不会说："你看连续 3 个路口你都没听我的，所以我不给你导了。"对吧？

（那如果目标确实已超出导航系统的操作范围，真的导不了呢？）

那这时我就是导航呀，舵手本身就是企业最大的导航。不知道如何导航不是更应该跟着舵手走吗？

我们总部的办公室在9楼，有一次，我告诉我弟弟：这个楼的背后是山。然后我弟弟看来看去说：哪来的山呀？我说有，我曾经去过20楼，所以我知道这背后有山。人的眼界其实就跟这楼层背后的山一样，往往会因为眼前看不到而先否定，又因为否定而心生障碍，甚至即使看到了也会觉得山太远。这就是眼界的差距，也是价值观的差异。

问：今天，很多的职场年轻人并不缺钱，可能他的零花钱比工资都还要高。这类员工应该怎样去激发他的内动力？

首先，我们还真不是靠金钱去激发员工的工作动力，因为钱不能代替成就感，而且金钱给人带来的快感就只能持续很短的时间，用久了还会有腐蚀作用。比如，她这个月工资由8000涨到了1万，她就只是在领到工资时能高兴那么一会，第二天这个兴奋劲就没了。

但是，就像马斯洛需求理论中所讲的那样，一个人在完成一件有意义的工作所得到的成绩突破、成长进步和感悟，这种力量是会持续很长时间的，并且这种感觉会不断地推动他生发出新的创造力。

问：让员工感觉到自己的岗位很有成就感，可以通过哪些举措来呈现呢？

及时肯定，公开表彰，永久留痕。

比如我们在公司内部成立了疆来餐饮培训中心，员工在公司的每月、每周甚至每天都有可能从各项评比中获得荣誉，而这些表现优秀的员工和PK机制的胜出者，都会通过疆来培训中心进行大会表彰，这些做完以后，还会给每一位优秀员工的家里寄信，寄员工获奖照片等等，也就是我们对先进员工的宣传做得比较到位。像这次（抗击新冠疫情）也是一样的，我们有17

位员工在疫情期间坚持为交警和社区志愿者义务送餐，这些员工不仅在内部得到及时的表彰和奖励，他们的事迹、照片还被收录在红旗出版社抗击疫情感动人物的书里，这本书我已经提前预订了几十本，等书一出来，我就会让人给每位员工的家里寄一本。

收获他人尊重和信任的最好方式，就是无私分享

问：很多公司为了更好地培养新员工和复制经验，都采用了师父带徒弟的方法。但实际效果却难以满意。在这方面咱们疆来是怎么做的？

首要最核心的一点，还是与利益直接相关联。就是说，如果我把徒弟带好，对我而言意味着什么？你像在我们这边，一个店经理如果想要开拓新的店面，获得更大的职权和收益，你必须先培养一个懂管理的新经理出来；又或者是，当你培养的徒弟被任命为一个新店的经理，作为师父也同样会获得那个新店的股份和奖励。这种情况下，你说这个店经理在培养员工时，是会保留敷衍呢？还是会认真用心呢？

我们都希望优秀员工能为公司培养人才，但其实员工更愿意为自己去培养人才，因为作为员工的他们不会和领导想的都一样。

其次，在培养徒弟和员工的过程中，及时反馈非常重要，这也是我做管理这么长时间的心得感受。怎么打比方呢？就像打保龄球一样，你每一次的成绩得分都会在大屏幕上显示出来，然后当你能看到自己一次次的身手又有了进步时，你就会觉得特别有意思。

带徒弟也是一样的，你让徒弟去学习。虽然说学习是为了自己，但学习这件事情刚开始都是被迫的，换句话说他其实是学给你看的、为你而学的。但他去学了，然后你都不关注，也不给予反馈，他学着学着也就没兴趣了。最后你还说这个徒弟不爱学习，你说怪谁呢？

问：“吃亏是福”这句话周总肯定听说过，这句话您认同吗？

认同，而且一定是这样的。

平时一点亏都吃不得的员工，他在其他方面的成就也一定不会有多优秀。因为吃亏是福这一句古老的谚语，真的蕴含了太多的大智慧，它其实就跟“塞翁失马、焉知非福”的故事一样。怀疑甚至是对此嗤之以鼻的人，他一定还没有对生活有过深刻的体会。我们常说选择大于努力，但很多人不知道的是：在遇到涉及利益的纷争之时，你的选择尤其大于努力。你今天所做的每一件好事，或者是舍了，或者是亏了，也许不会立马得到回报，可能是 3 年、5 年，甚至是 10 年，但这个福报最终一定都会像因果法则一样回到你身上。

问：那总是要靠吃亏去积福吗？那不是变成毫无原则的逆来顺受了？

一定不是这么理解的。

就像我当初被小姐妹欺骗，但我选择了继续善良。后来又被重庆火锅的老板坑了，我还是选择善良。那些人当初都得到了一时的利益，但现在呢？我所得到的早都远超了他们。

组织力和协调力，是一个管理者最核心的能力

问：假如要提拔一个员工做管理者，您觉得最看重的应该是他身上的何种能力？

作为一个管理者，我最为看重的应该就是他要具有比较好的组织和协调能力。

拿我们企业来说，你是不是煮鱼煮得最好吃、杀鱼是不是最快，这些都不是作为考察管理者的先决条件。他一定是要能把煮鱼、杀鱼这个事情安排好，人尽其才，组织得当，而且大家还都愿意配合你工作。这才是作为管理者应有的领导力体现。

问：除了组织协调能力之外呢？还有其他要素吗？优先顺序是怎样的？

我觉得人品一定要正。

人品在先吧，这是先决条件。

特别是今天管理对象还是“95后”的小孩们，这些员工跟我们“80后”完全不同，我们那时候都讲究忍让大局、委曲求全，但今天的这些孩子是爱憎分明的，一旦他看到你有什么拿不上台面的不公行为，很可能立马会跟你叫板。所以在我看来，如果今天的管理者想让下属衷心拥护你、跟随你，那人品一定要能拿得出手，才能够管住他们。

问：当我们提拔一个人上来，但这个人却没有带好团队，也就是他辜负了您的期望。这个时候，作为领导者该如何跟他沟通？以后还会再给他第二次提拔的机会吗？为什么？

首先，这个（二次提拔的）机会一定要给。他之所以第一次干不好，肯定有一部分的能力还是欠缺的嘛。那如果他能知耻后勇把这个短板补上来了，那一定要给他再一次证明和施展的机会。

而且，如果一个管理人员被你撤销或降职以后，他还能在公司的一线继续好好干，那这样的人才其实是个宝。这表明他的抗打击能力是很强的，而且有责任有担当，我一直是这样认为的。因为很多这样的管理人员（在这种情况下）都摆不正心态，也放不下面子。他们会觉得：哎呀，我之前是很拉风的领导，现在被撤了，再也没脸留在这个企业了。于是就选择离职，现在大部分的人都是这样做的。

如果一个管理者被撤职了，他还能继续有一个好心态留在企业干好他的本职工作，我会特别关注这样的人。

问：周总支持员工在公司里越级汇报吗？

支持的。因为不管公司做到多大，我一直都把自己定位成一个创业者而不是守业者。而创业型的公司最大特点就是灵活应变、及时反应，这也是我们能够在新疆存活，然后一步步做到全国的一个重要原因。

可以试想一下，假如一个市场的讯息必须要一层一层地通过领班、主管、店经理和总监才能到我这边，我觉得这样就太迂腐了，这其实是大企业容易犯的通病。

问：那么，中层管理者如果知道自己的下属越级向上汇报，那他会不会不高兴呢？

那他刚开始一定会觉得不高兴啊。我前面也有分享过，就是假如有个员工跑我这边来反映或是投诉自己的主管上级，我最寻常的一个做法就是把他俩都叫过来，然后让那个员工当着他经理的面先说，说完再听听那个经理怎么说，经理说完后，可能那个员工又有话说，这样几个回合下来我得到的信息就会比较客观和完整。这样的解决方式我觉得很高效，也能避免在信息不全的情况下因误判而被人利用。

不同的人生阶段中，要敢做出特定的取舍

问：当一个人分别处在职场打拼的阶段和创业阶段时，他应该怎样去对待或者平衡事业和家庭两者的关系？

嗯，前几天还和我们家先生说："我庆幸我们在年轻的时候没有选择平庸，当然我们现在也还不老。"（笑）正是因为年轻时吃的苦，让我们实现了现在的财富自由和时间自由。

因此，事业和家庭平衡的问题对现在的我来说并不存在。但当一个人正处在事业的初期，无论这时候他是在职场还是商界，那理应以事业为主线。就是当你想给生你的人和你生的人提供更好的物质生活，是不可能两者都兼顾的，也没有那么多的时刻平衡。我们家儿子在3岁之前我很少带他，都管保姆叫妈妈，这就是当时的我需要做出的付出和牺牲。包括在2007年刚创业时，我生我们家女儿的预产期当天，本来要去医院住院的我还在骑着电动车送外卖。

人性本身趋乐避苦，但我常说要为幸福生活去奋斗的人一定要在某个时

段舍弃一些东西，这是不能矫情的。无论你是孕妇还是产妇，市场并不会因此而同情你，也不会给你任何的优待和额外的机会。

问：周总读过很多书，也见识过很多人。您生平最敬佩欣赏的古代人物和现代人物，都有谁？

培训界中我很喜欢樊登老师，一个非常有智慧的人，学识渊博，讲话也特别接地气，非常能引发学员的共鸣，对我的影响也比较大。

商界里面，董明珠是我特别佩服的人物，为人特别正直，又特别有魄力，我其实特别想成为像她那样的女企业家。

历史人物的话，我很钦佩成吉思汗，我看过关于他的每一本书，不管在哪个场合，只要一有人提到成吉思汗我就会很敏感，包括我去年唯一追过的一部剧就是与成吉思汗有关。

问： 作为白手起家的女性创业典范，周总认为现在的自己成功吗？

现在谈成功，这才哪跟哪啊！（大笑）

我真没觉得自己有多成功，不管是过去还是现在，我都觉得没什么大不了的，哪怕是以前吃不饱饭，哪怕是在库尔勒一天要打三份工，我也没觉得有多苦，在我来看这些都很正常。就算是有一天现在拥有的这些全都失去了，要从头再来，我觉得也能欣然接受，就是好日子我能过得很好，穷日子我也一样能过得来。

问：能不能用一句话来形容您此生的使命？

我的使命：影响更多的人，帮助培养更多的餐饮人成为老板。

之前我也提到过，我唯一拒绝不了员工离职的理由就是她提出要创业成为老板。而我现在和余生的愿望、愿景和使命，就是要让每一个“疆来人”都能创业成功，成就更多的老板。

问：临近结尾，您对于未来与本书结缘的读者朋友们，还有什么想特别叮嘱的话语吗？

无论是对于未来的年轻人，还是我身边的这些人，我唯一想要叮嘱的可能就是：成功的路上没有捷径可走，没有侥幸可言，一份付出一份回报。

如果你确信自己的方向正确，而现在的付出又还没看到回报，那上天在未来某个时刻一定会给你想要的回报。不要着急，不要担心，也不要急躁，做好当下，然后静待花开就可以了。

很多年轻人总是这山看着那山高，这个其实也是我当时作为年轻人的心态，但当你没有办法去改变外界的人和环境时，你只有先调整你自己才能产出结果。只有当你自身具备了内在能力和外在条件时，那时才能够影响与改变外界的环境。

The 4th Chapter

第四篇

对话廖雪峰：守住初心的人方能无愧于心

每一条在良知指引下所迈出的路，都能走通；每一件以利他之念去做过的事，终能做成。

任何情况下，都应永葆一颗向善的初心与向上的信念——人生漫漫征途，我们真正需要的不只是超越昨天的自己，有时候更要找回昨天的自己！

超越自己，是为走向卓越；找回自己，方能守住初心。

人物简介

廖雪峰

上海雄达国际物流有限公司	董事长
上海市中小快递行业协会	会长
四川遂宁商会最具发展潜力企业	

第 1 章　榜样力量｜启蒙教：亦慈亦严父为师

无忧虑：廖家有子初长成

幼年有脚印，少年有理想，壮年有担当。

一个人从无知到懂事的历程中，总要经过一些事的磨炼和一些人的指引。能在言传身教中潜移默化地影响我们身心成长的人，既是我们的榜样，更是人生的导师。

而在我们所有的导师中，父母双亲所赋予的启蒙教育可谓最早，影响也最为久远。

屹立在雪山之顶，行走于群峰之巅，是为雪峰。

这，便是上海雄达国际物流有限公司董事长——廖雪峰名字的由来。从名字就可以看出，廖雪峰的第一位人生导师、作为文化人的父亲，对这个刚出生的儿子在心中所寄予的殷切期望。

和本书多数主人公不同的是，出生在四川遂宁市射洪县青岗镇罗村沟村的廖雪峰，尽管创立雄达国际物流的事业也是白手起家，但童年时期的他却并不需要像村里多数同龄人那样要为生计奔波，这是因为他有一位先做教师、后来从政的父亲：廖政权。

从廖雪峰儿时懵懂中的记事起，父亲当时就已经是罗村沟村所属青岗乡（镇）的党委书记，这在 20 世纪 80 年代的山区村民的眼中是相当了不起的。教师出身的廖政权极其注重自己的言行仪表，每次出门都穿戴得整整齐齐，举止有度，颇有儒师之风范；而出于对教师育人的尊敬，村邻们和廖家数十年来一直相处融洽，即便廖政权后来成了乡党委书记，村民们对他的称呼也依旧是廖老师而非廖书记。

在所有的家庭教育中，父母亲的以身作则对子女心智的教育作用无疑是巨大而有效的，廖家的三个子女都很懂事，年龄略大的长姐、二哥很早就开始分担家里的各种农活家务。大概是排行第三的小廖雪峰幼时长得十分可爱，村里的大人经常喜欢抱起他，一边刮着鼻子一边调侃：“小公子要加油哦，长大了要接你老爸的班呢！”彼时，似懂非懂的小雪峰听不懂“接班”是什么意思，只是能感受到这是一份善意，“等我长大了，也要成为像爸爸那样受人尊敬的人。”小廖雪峰这样想着，便重重地点了点头。

30 年后，谁也未曾想到廖雪峰还真就接了父亲的班。只是，他所继承的并非父亲当年“乡党委书记”的职衔，而是“老师”的身份！在雄达国际物流，每一个员工对廖雪峰的称谓既非董事长，也不是廖总，而是：廖老师；历经社会多年历练的廖雪峰也从来不端老板的架子，他早已感悟到：在当年，人们或许会因为父亲是“官”而景仰，但源自心底里的那份亲近，却是缘于父亲在学校做老师时的教书育人。

唯厚德才能载物，非自渡无法渡人，当领导如是，当老师，亦如是。

而既是领导又是教师的父亲一直就是小廖雪峰心中的榜样楷模，有意无意间都在模仿父亲的言行举止。那时候，他特别盼望着能快点长大，并在脑海中幻想着各种长大后的天马行空。

让廖雪峰体会长大到底是什么感觉的机会很快到来。

在他 6 周岁那一年，也就是 1983 年，廖雪峰进了位于乡镇上的小学。也就是那一天，小廖雪峰第一次有了应该要学着对自己负责的念想。于是，刚放学回来的他就把自己衣柜中的衣服全部拿出来，学着父亲的动作把它们叠得整整齐齐，并将床底鞋架上的每一双鞋子也都重新摆放有序，再将房间打扫得干干净净。做完这一切，满头汗珠的廖雪峰心里洋溢起一种成就感，就仿佛面前是一幅刚刚完成的作品。到晚上，廖政权从乡里下班，看到儿子房间与以往大不一样的摆设，异常高兴地抱起儿子亲了又亲。

“那是我父亲第一次表扬我，而且是夸我长大了！那次打扫给了我两个启发：一是，当你把事情做好以后，中间的所有辛苦都是值得的；二是，对一件事情要么选择不做，要么做了就一定要去做好！那种瞬间感觉到自己长大的感觉真好，直到成年后，我做事喜欢追求完美，可能从那时起就已经种下种子了吧。”廖雪峰笑着回忆，脸上那一抹对父亲的感怀之情油然而生。

打亦亲：少年首次挨耳光

有梦相伴的时光，都能起航；有榜样相伴的地方，总有力量。

一个人若要发掘远方的美景，就得尽早走出舒适圈，放下自我的束缚，主动去聆听外界的声音。

童年时期的廖雪峰性格其实有些内向，在学校里也不善于和同学交流。于是，眼光颇远的廖政权想了一个办法：每到逢年过节，廖政权就会带上自家的这三个娃儿挨家挨户地走邻串坊。每到一家都热情地给对方点烟、唠一唠家长里短。之后，就是一项必备的环节：廖政权会让这三个娃儿，依次向对方家里人问好并作自我介绍，有时还要回答对方的一些提问。这一招很自然，也很有效。就这样，在宾主尽欢的气氛中，廖雪峰的性格、眼界都在渐渐地改变与扩大。

一如天地有阴阳，世间有白黑，江河有直曲，任你富贵或贫穷，家家都有一本难念的经。

廖雪峰的母亲早年体弱，后来又因为一次意外受到心理创伤以至精神失常，为此辗转过多地的医疗机构却始终未能根治。遗憾与愧疚之下，廖政权对于三个幼小子女的成长更是疼惜备至，尤其是对作为幼子的廖雪峰。每天晚上，生得牛高马大的廖政权都会走进小儿子的房间亲一下他的额头，然后才回去入睡。一个在工作上已经强势成习惯的大老爷们能以这样细腻的情怀表达父爱，真可说天下相同父母心。

实际上，让廖雪峰体会到父爱的方式，除了老爹的“侠骨柔肠”，还有“霹雳手段”。

成长的脚印波澜不惊，却在廖雪峰 14 岁进入初三的这一年，留下了深刻而难忘的一脚印记。

有一回，廖雪峰在学校里帮被欺负的同学出头，事件最后发展到多个同学之间的群殴，最后班主任通知了家长。郁闷的廖雪峰回到家就把自己关进房门，任谁也不给开。廖政权到家后一脚踹开了房门，看到正在打游戏机的小儿子气不打一处来。盛怒之下抬手就是一巴掌，老子下手颇重，儿子瞬间红肿了半边脸。少年期的孩子性格是冲动的，也是最容易叛逆的，这一巴掌显然没有达到廖政权预期的效果，却让倔强的廖雪峰夺门而出，就此“失踪”了将近两天，直到廖雪峰的奶奶派人将其“遣返”回家。惴惴不安的廖雪峰本来还担心会不会再次挨打，但出乎意料，廖政权并没有发怒，眼眶反而红了，廖雪峰连忙向父亲道歉，父子二人相拥在一起。“那是我第一次看见我父亲流泪，而且是热泪盈眶的那种。”

唯有当过家的人，才会理解柴米油盐的分量，才能体会过日子的艰辛——那一晚，父子两人促膝长谈。确切地说，这是廖政权第一次走进已是少年的儿子的内心世界。步入少年的廖雪峰显然已经有了自己的见解思想。儿子为什么会和同学打架？同学受欺负为什么他要站出来？因为儿子心中有一份懵懂的正义感。尽管冲动的方式欠妥，但正义感背后的良知却是没错的，就像一只开始长大的雏鹰，终究有一天要在天空上飞翔，但在此之前肯定会经过一番摔打。

廖政权觉得：这个儿子具有雄鹰的潜力，而他这个父亲所要做的，已不再是为子女遮风挡雨，而是要引导儿子在正确的人生航线上翱翔。第一次挨打和谈心，也让廖雪峰开始懂得了：一个人在成长的路上不仅要有自由和梦想，还要有一份责任与担当。

牛刀试：学校路思生意经

转眼间，已经长到 18 岁的廖雪峰出落成标准的帅小伙一枚：阳光、热诚、有激情、有思想——而对此时的他来说：想要走出大山到外面的世界去闯荡一番的心思越来越强烈了。

正是蜀道难，难于上青天，大山里的生活条件与平原相比可谓十分不易。廖雪峰还记得：小时候，自己有一天晚上吃坏了东西肚子痛，但父亲看了看阴雨连绵的天气，还是等到第二天一早才带他到镇上的卫生院去看病。

也因此，很小时，廖雪峰就生起了一个想法：等我长大了，一定要挣钱修好这条路。

廖雪峰最早发现自己在挣钱方面有所天赋，要追溯到上小学三年级时，那是他第一次在学校里的生意经历：成交额很小，但却是一次成功且有趣的生意过程，由此也种下了他今后经商之路的种子。

那是一年中的夏天，廖雪峰和同学走在去学校的路上，正好碰见有农民挑着两担新鲜的李子在沿街叫卖，口馋的两个小鬼立即围了上去尝了尝，廖雪峰随即就问同桌：“你说，这李子要是咱们学校的同学见到喜不喜欢？”同桌说：“还用说，这么甜。” 廖雪峰说：“那既然这样，咱们为什么不包一点带回去卖呢？”

于是，两人把兜里所有的零钱都聚在一起，一共凑了几角钱，装着整整两书包的李子来到学校，决定以 “尝鲜”价卖给同学，李子果然畅销，仅仅两节课的时间，两书包李子便销售一空。这一次牛刀小试的最直接收益就是：在三年级的整个后半学期，廖雪峰再没有向家里要过零花钱。

在经验到来之时，生活并不会告诉你这将是一次宝贵的经验；只有以后再遇到类似的事情时，你才会恍然察觉从前经历的奇妙。

从学校里开启的生意之门，廖雪峰最终还是走上了经商之路。很多年后，坐在雄达国际物流董事长办公室的茶几旁边，和笔者聊到当年学校做生意的那段经历，廖雪峰眼中的兴奋之情依旧难掩。

有失有得，有得有失，上天总是公正的，人的注意力集中在哪里，成果也就会出现在哪里。

尽管商业路上取得了巨大的成功，但对当年没有继续报考大学的决定，廖雪峰心里还是有遗憾的："那会儿人太年轻，一心就想着早点到外面的世界去看一看、闯一闯。"

少年之时的弃学从商，是廖雪峰一生中少有的憾事，而这也正是促使后来的他在经营公司时，对个人和团队学习始终求知若渴般重视的原因所在。

小节回顾 ‖ 笔者总结

1. 无论好坏，榜样的力量都是无穷的。

人在进入每一个陌生阶段的最初都是迷茫的，这时，榜样就会指引着我们前进。近朱者赤、近墨者黑，正如父母是孩子的榜样，老师是学生的榜样。

2. 严师出高徒，艺精靠磨炼。

有时候，别人对我们的严格看起来不近人情，但却是让人成长的必经之途。此外，要用及时、有效的沟通来让严格的训练更持久、方向更正确。

3. 喜欢是擅长的开始。

越早找到你最有兴趣做的那一件事，你就会越来越擅长你所喜欢的并把它转化为事业的开始，你的成功也将因此比一般人少走许多弯路、少付许多代价。

第 2 章 走南闯北｜四方志：宝剑锋从磨砺出

家乡路：力薄愿尽微弱心

倘若一个人已到中年，就会赫然发现：让一个人感到遗憾的其实不是“路难走”，而是“没坚持”。

只要方向正确，无论你此刻在做的事情是多么不起眼，在他人看来也可能不值一提。但无论如何，这都不会妨碍这件事情本身的价值所在。

中专毕业后的廖雪峰，并没有按照学校的分配去参加工作，而是又用了将近1 年的时间，花费数千元去学习了驾驶技术——这是他最后一次从家里拿钱用在自己身上。廖政权明确地告诉儿子：除了结婚，你在毕业后一切的开支都必须靠你自己；廖雪峰其实很想用这笔钱去做点生意，但一时又没想好做哪一行，而且他也觉得，驾驶是在未来是一项非常重要的立身技能，自己必须学会。就这样，廖雪峰的第一份工作便成了沱牌舍得酒业的运输司机，一干就是两年。

假如从时间长河的尽头回看，每个人在未来要走的道路或许在冥冥中都早已被安排，只是当事人无法提前预知。

许多年后，廖雪峰一个久未谋面的老乡、沱牌酒厂当年的同事来到上海，在聊天中得知廖雪峰的公司依然是做运输生意时便连声称奇：“廖总眼光看得可真远，当年第一份工作就是搞运输，现在开了公司还是做运输，你这辈子跟运输真有缘。”一番调侃惹得两人哈哈大笑。

就在廖雪峰进入沱牌酒厂没多久，乡政府开始部署落实家乡“要想富，先修路”的政策，其中一条，正是从廖雪峰所在的村里直通镇上的主干道。根据预算，修路款项由乡里出资大头，剩余的从几个村共同集资。

按规定，除了已经婚嫁的长姐、二哥，廖家只需要由廖政权为代表出钱即可。但廖雪峰觉得：家乡路受益家乡人，而且还是自己一直想做的事情，那自己就应该用另一种方式去兑现当初的承诺。于是，倔强的廖雪峰和父亲说自己也要出一份修路的钱。结果被同样倔强的父亲噼里啪啦地训了一顿：“我已经出过钱了，你还出哪门子钱？我的钱不就等于你的？你才工作多久能有多少钱？……”训得虽猛，最后还是扭不过儿子的执着。善解人意的廖政权理解儿子的坚持在于一份为家乡出力的发心。

抵诱惑：北漂之路守正途

能在沱牌酒厂稳稳地工作两年，这对于一心出去闯世界的廖雪峰来说，不可谓不务实；随后，他还用自己这 2 年的积蓄在镇上开了一家影碟租赁的 VCD 店，但很快廖雪峰就领略到了“理想很丰满和现实很骨感”这句话的含义，仅仅半年不到的时间，这家 VCD 店就因为入不敷出而宣告倒闭。生意场上的无情现实，犹如一记闷棍狠狠打在廖雪峰的心田，也打醒了他在踌躇满志中的骄傲自尊。廖雪峰这才如梦初醒：学校里的小试牛刀与社会中的真刀实枪，有着本质的不同。

第一次生意场上的折戟沉沙，并未影响廖雪峰对于经商之路的自信。经过总结，他发现自己欠缺的是对经商全局的预判和掌控力，而这种掌控力是急不来的，只有在实践中感悟所得。于是，他决定暂时放下做生意的执念，先去外面的世界历练几年，在社会的熔炉中锻造出新的自我。

1997 年，怀着对未来的一份憧憬和激动，20 岁的廖雪峰第一次独自走出四川前往首都北京，成为浩浩荡荡北漂大军中的一员。

在最初的好奇心和兴奋感过去之后，应聘到海淀区一家 KTV 做男服务员的廖雪峰很快就发现自己与这个城市不同频：一个土生土长的四川南方人想在北京立足，第一步所要攻克的障碍就是语言。每当客人有酒水等方面的服务需要时，廖雪峰下意识中给出的回答不是：“好的”，而是“要得”。

从小时候第一次整理房间，“要么不去做、要么认真做”就是廖雪峰一直的做事原则。于是，他每天早上对着镜子，晚上对着新闻联播狠练普通话，这成了他这一阶段每天的必修功课。人有恒心断无不成之事，不久，廖雪峰就能说得一口流利的普通话。3 个月后，又给父亲寄回了 1500 元的家用——这也是他第一次用自己的工资反哺家里。半年后，廖雪峰已经成为 KTV 的优秀领班。

就在北京的首份工作初步站稳脚跟之时，廖雪峰受到了一次从未有过的诱惑考验，传销。

廖雪峰接到参加传销的邀请，正处在国家严厉打击传销活动的这一非常时期。

这一天，一个来自老家久未谋面的老同学打来电话，声称在湖南做“爽安康摇摆机”的生意正火，远比“打工的收入高太多”云云，并且点明“因为关系好，才只告诉了廖雪峰一人，是为圆他想做生意的梦想”。一心想做生意的廖雪峰感觉既然是朋友的推荐，至少也应该先去看看，说不定是个机会呢？于是，只身一人踏上了从北京开往湖南永州的火车。

等到廖雪峰不远千里到达永州，才证实朋友所谓的“能让他快速暴富的生意”就是传销，自小内心便极富正义感的廖雪峰果断拒绝签约，并力劝同学一起离开。

本来，即使遇到的不是传销，廖雪峰也已经改变了在此之前的计划。因为，颇有商业意识的他发现：在这个小镇上每天流动的外来人口竟达上千人之多。有那么一瞬间，廖雪峰心里甚至盘算过：每天这么大的人流量，哪怕是在边上开个饭店，生意也不会差吧？可惜了这么大的人流都是为传销而来。

廖雪峰在永州的前后行程仅有 7 天，却收获了一生中堪称浓墨重彩的一笔财富！

从那时起，廖雪峰心中就已确信：这个世界上成功没有捷径，永远别去想天上掉馅饼的事，唯有脚踏实地、一步一个脚印才是持久成功的真理。

从头来：不折不闹不青春

人方少年，当有四方之志。

在很小的时候，廖雪峰曾和父亲有过一番关于长大后的对话。

那是在一次过年时，父亲带着姐弟三人挨家拜访完乡亲回到家之后，问他们三人分别有什么样的感受。轮到自己时，廖雪峰脱口而出：“今天跑遍了整个村子，感觉长了很多的见识。等长大了我要去到更大更远的地方！”当被问到“更大更远” 的地方是哪？还懵懵懂懂的小廖雪峰当时也答不上来，只是那段场景一直在脑海中记忆犹新。

直到中专毕业以后，廖雪峰渐渐地清晰了对这个问题的答案，他告诉自己：这辈子有三个地方我一定要去走一走：北京是首都必须要去感受一下；深圳是国家改革开放的发源地；上海是从小在电视上就期冀已久的地方。

拒绝传销诱惑之后的廖雪峰一度返回了老家，投身于自己最为擅长的领域：开出租车。在此期间，廖雪峰还完成了一件人生中的头等大事：在千禧之年，与相恋五年的女友胡国蓉正式结为连理。

走进了婚姻殿堂，廖雪峰明显感受到丈夫肩上那不同以往的责任感，这不仅缘于妻子很快有了身孕，还因为已经婚嫁的子女，就意味着和父母在传统意义上的“分家”，成为一个新家庭中的顶梁柱，真真正正地一切都要靠自己。而对于一个男人来说，必须确知哪里才是自己的未来，在和妻子商量之后，廖雪峰决定到自己憧憬已久的大都市——上海去闯一闯。

与上次到了北京再投简历稍有不同的是，这一回，廖雪峰是带着已定的身份出发的。职业是：民工。是的，没错，就是建筑工地上的民工。

在农村，一年中的绝大部分光阴其实都是寂静的，一点也不热闹，除了春节前后过年的这段时间。因为只有这个时期，村里外出务工的当家男人才会大批量地从城市返乡。在和其中一些儿时伙伴的交流过程中，廖雪峰觉得在上海建筑工地上打工一年的收入相对驾驶员还是可以的，尤其是有一技之长的民工。对于有了家室的人来说，身份面子都是次要的，挣到钱才是最重要的。

在强烈坚持的要求下，廖雪峰终于打动了村里一位领头的民工，还给他安排了一个技术身份：木工。就这样，在“北漂”之行三年以后的 2001 年，廖雪峰又成了“沪漂”民工大潮中的一员。

当技术类的民工也是要安排“面试”的，在抵达上海中山西路上的工地之后，廖雪峰被领队带到了包工头的面前。包工头将信将疑地看了看眼前这个白白净净的青年，就让他用锯子先锯一根木头试试，结果，从没干过木工活计的他居然把锯子拿倒了，满头是汗但就是锯不进木头里，众目睽睽之下的大写尴尬让廖雪峰脸上一阵阵的火辣，好在领队及时以“这是我新收的木工徒弟”给打了圆场。

风吹日晒的民工岁月是极其磨砺人的，无论是身体还是身心。一年以后，踏上回乡之路的廖雪峰变黑了不少，也壮实了许多。

此后的又一个 3 年间，出于对做生意的兴趣和理想，廖雪峰动用了过往的积蓄和人脉，先后在老家的县城里尝试过开茶馆、酒吧、棋牌室，还在成都搞过牛奶批发……但都业绩平平，并未取得像样的事业进展，也未能找到让他觉得可以用一辈子去干好的那一件事。当资金紧张时，廖雪峰白天开出租车，晚上就到与哥哥合伙开的一家量贩式 KTV 帮忙管理。

梦回首：痛定思痛问前方

十年转瞬间，沧海忆桑田，来日相逢晚，不复望眼穿。

纵是蜀道难，终能上青天，悟得云开日，挥剑再出川。

光阴荏苒，日月如梭，从当初沱牌曲酒的第一份运输工作，廖雪峰在社会上的历练至今已过 10 年。

人的一生，又有几个 10 年？回首这 10 年春秋的一个个瞬间，廖雪峰又有一种往事就在昨天的恍惚。

使人开始走向年老的并不是年龄的增长，而恰是信心的缺失与激情的衰退。在年少勇闯天涯的岁月里，他有过成长的充实，也有过成功的喜悦，但现在他却感到一种前所未有的困惑，甚至是一丝空虚。廖雪峰觉得自己一向很努力、能吃苦、有人缘，也有一定的头脑。可为什么，至今自己理想中的经商之路还在原地打转？不过他并没有气馁，只是他觉得有必要和过去的自己做一次对话和彻底的自我反省——在没想明白根本的原因与对策之前，廖雪峰不打算再去任何地方。

廖雪峰首先意识到自己的第一个重大缺点，就是缺少恒心以致根基不深。这一点，从自己过往的每一份工作年限均不超过 2 年就能看得出来。这并非缘于他选择后的心猿意马，事实上，廖雪峰不喜欢骑驴找马，每一份新工作都是在他辞职以后才找到的。“干一行爱一行”他能做到，问题就在于每次爱得都不深，潜意识深处想要游历四方的心让他开了很多的眼界，却也在无形中让他更换了不少的行业。

若爱就深爱，若信就深信，而他欠缺的正是像毛竹一般深深扎根于一处的极致精神。

对于过往，廖雪峰心有遗憾但并不后悔，因为他知道：从成长到成熟总要付出代价，人在年轻时闯荡社会的过程中，谁没走过弯路？只要意识到，那以前的弯路就能转化为未来的财富——也就是从这一刻起，他暗暗下定了决心：下一次一旦选定了一个行业，就要将其作为终生奋斗的事业领域。

廖雪峰还发现了另一个显而易见的问题是：以往自己过多地强调了行动和闯劲，却从中专毕业后就渐渐忽略了充电和学习。他觉察到：自从毕业后，自己几乎从未在学习上做过投资，而对于学习长期的轻视，又导致了享乐思想的萌芽。有一个比较典型的例子：廖雪峰曾有一款“小霸王学习机”——名为学习机，但对于他其实叫“游戏机”更为贴切。一个不具备持久学习力的人，又如何能持久地与世界接轨呢？一念至此，廖雪峰有一分后怕又有一分庆幸：毕竟，现在“亡羊补牢”总还不算太晚。

这之后，廖雪峰便开始研究这款学习机的学习用途，这才惊奇地发现，学习机里面居然有他一直想练习的五笔字根、键盘指法等学习工具。在将这些全部学会之后，廖雪峰又想和要好的朋友一起去报名电脑班，但让他诧异的是：竟然没有一个朋友愿意响应，甚至就连他自己去新华书店买书、借书的举动，也遭到了他们接二连三地嘲讽。思想正处于萌芽解放状态的廖雪峰并不气恼，反而由此又进一步意识到环境对于一个人思维影响的重要性。廖雪峰进而许愿：若有一天自己的事业成功了，定要为身边人打造一个极富学习力的氛围环境。

这个念头所种下的种子，在 13 年之后的 2019 年，终于以成功构建雄达商学院而开花结果。

小节回顾 ‖ 笔者总结

1. 善心不在大小，种下发芽便能扎根生长。

所有那些最终有所成就的人，他们都懂得这样一个处事哲理：饮水思源。行一份义举，并不需要你当下有多大的能力，只要这一颗心就足够了。

2. 选择善良就应保持善良，选择正直就该一直正直。

人行于世，我们会遇到自己不喜欢的人，也会遇上欺骗自己的人。“见贤思齐，见不贤而内自省”，不因他人的恶行而改变了自己原有的善心。

3. 能挡住诱惑对自己的考验，比失败后能战胜挫折要更有意义。

笨点不要紧，关键不要贪，很多人能受得了逆境的考验，却经不起诱惑的糖衣炮弹。这个世界上永远没有弯腰白捡的江山，只有一步一个脚印闯出来的天下。

4. 给别人提建议容易，给自己提意见最难。

每一个真正的勇者，无论成败，都不忘反思自己。有反思，人就永远不会被击败。

第 3 章　雄达物流｜再拔剑：雄鹰翱翔击长空

上海滩：成功成仁决胜负

背水一战，成功成仁。

2005 年 3 月 3 日，喜庆热闹的春节气氛还未完全散尽，重新整装后的廖雪峰已决定再赴上海。

这一年， 28 岁的廖雪峰比之以往少了几分活泼，多了几分成熟，而不曾改变的，是对未来一如既往的坚定雄心！不仅如此，这一次出征，廖雪峰还带上了自己的夫人胡国蓉同行，他要和贤内助在上海从此扎下事业的根基。因此，这次和以往外出还有最重要的一点不同在于：在和夫人沟通之后，廖雪峰给此行的定位不再是以往为工作挣钱的打工者，而是夫妻二人共同寻找经商机会的创业者。

启程前的那一晚，廖雪峰抬头仰望着深邃的星空，心情久久难以平静。已近而立之年的他感觉到自己正站在人生的十字路口。那一刻，久历江湖的廖雪峰也庄严地向上天许下心声：这次一日未取得成功，便一日不返故土，宁愿死在上海，绝不转身离开。

青春流逝而志仍在，年华易老而梦未圆。光阴如箭，河山大好，怎敢让岁月蹉跎?

绿皮车在经过 55 个小时的长途颠簸后到达上海，廖雪峰夫妻在一位老乡的协助下迅速安顿下来。很快，妻子胡国蓉就先找到了一份从事美容业的工作以稳住局面。廖雪峰则并未急于面试，而是根据事先的计划将应聘范围缩小在了与运输有关的行业中，这是他多年来最熟悉也最有感觉的领域，他相信上海这座城市一定有他的用武之地，他更相信唯有专注于自己喜欢并擅长的事情才能收获成功！游历四方多年，已近奔三的年龄也不允许自己再像刚出茅庐的小伙伴那样，为成长而成长。一个人能力的提升是无限的，但人的时间是有限的，就应该像钻井勘探石油那样要将有限的精力和资源用在一处，进而深耕细作，而不是四处开花。

就这样，经过一番比较之后，廖雪峰最终应聘到了上海闵行区的一家国际快递公司。依然是从自己最熟悉的驾驶员岗位做起，在熟悉了全部的流程和行业特点后又申请进入业务部门。人在专注到极致时所展现的力量是惊人的，凭借良好的心态、刻苦的勤奋和扎实的功底，以及不断学习创新的头脑，仅仅半年，廖雪峰便将业绩做到了全公司前茅，到年末时，更是稳稳地成为公司业绩榜上的黑马冠军。

在快递业做销售业务的过程中，经过对运行体系渐渐深入的了解，廖雪峰惊讶地发现：快递行业的操作流程竟如此简单？只要几个人合伙弄个两室一厅就是公司，而且有些老板的学历也不高，这样的公司居然还能赚钱？在继续与多方沟通的过程中，廖雪峰还惊喜地发现上海的投资环境居然这么好。

了解了各个环节，和妻子又做了一番分析后，信心满满的廖雪峰决定迈出他这一生中影响较为深远的一步：注册公司。老板闻知欲以加薪挽留，但去意已决的他不为所动。

初告捷：开山涉水渡险滩

2006 年 3 月 3 日，上海雄达国际物流有限公司的前身——上海雄达快递有限公司正式挂牌成立。

追梦路上，风景差得让人只想说脏话。但是，创业者心中在意的只有远方。

在雄达公司创立伊始，和廖雪峰合伙创业的还有一位四川老乡。尽管快递行业的准入门槛较低，但毕竟也需要本钱作为启动资金。本来，两人已经约定先期各出资 1 万元并约定股份，但就在廖雪峰紧锣密鼓地筹钱并张罗着工商注册、选址及人员招募等大小事宜长达半个月的日子里，合伙人却莫名其妙地消失了，更加匪夷所思的是，当廖雪峰把各项事宜准备妥当时，这位合伙人竟又忽然出现在公司！四目对视，窘迫之下合伙人倒也镇定地告诉廖雪峰是因为自己没筹到钱，自感无颜来见他——在说这话的时候，合伙人从怀里拿出仅有的 1000 元放到了廖雪峰的面前。

对自身目标而言，一次妥协只会带来更多的妥协；但对于经营关系来说，懂得妥协却是一种智慧。

尽管内心里并不太认同这位合伙人的行事方式，但廖雪峰最终还是接下了这1000元，并依然承认对方合伙人的身份。正如曾国藩在家书中所说：“衡人不可眼界过高，人才靠奖励而出。大凡中等之才，奖率鼓励，便可望成大器；若一味贬斥不用，则慢慢地就会坠为朽庸”。

应该说，廖雪峰顾全大局和情义的举动是正确的，而且从另一个角度来看，能者必多劳、多劳必多得，开业前的意外也在倒逼着廖雪峰主动挑起公司更多的担子：资金筹募、人才招聘再到市场营销……在殚精竭虑般的苦心运作下，公司有惊无险地度过了初创时期的一个个逆境险滩，并在开业后的8个月成功实现了首次赢利。

那一天，公司上下欢庆，满怀激情与信心地展望明天。

但是，潜存的风险也总是与机遇并行，彼时的廖雪峰显然没有学到曾国藩用人哲学中的八字方略：广揽、慎用、勤教、严绳。尽管公司业绩在不断增长，但合伙人的价值观与公司初创时的价值观却渐行渐远——终于，在4年后的2010年，合伙人与雄达快递分道扬镳，而且合伙人在离开的同时，还带走了公司相当一部分的客户资源与骨干员工。

昨天还是并肩作战的亲密伙伴，明天却要凭空变成竞争对手，犹如电影《中国合伙人》一样的分家剧情，这让他的心情瞬间变得沉重、痛苦乃至压抑。他无法理解当初一穷二白之时大家都能好好的，事业取得进展了反而会分道扬镳？难道自己给予和付出的还不够多吗？人啊，你怎么就不知道感恩呢？

郁闷不已的廖雪峰向好朋友、老乡与业务伙伴，成都奔腾物流有限公司的总经理肖剑诉苦，但肖剑却一本正经地告诉他：“雪峰，假如他们的思维格局都能达到你所期望的那样，那你们之间的角色可能就要互换了；一瓶墨汁洒在缸里，整缸水就都废了，但要是洒在大海里呢？你要想让团队的心和你同频，让他们对你充满信心，也必须用大海一样的心去学会接受，包括他们的优点和缺点。”

一句话点醒梦中人！

2010年，对已经创业5年的廖雪峰无疑是一次转折点，也是公司发展的一个新起点：正所谓不破不立，破而后立，问题处理得好就是课题，危机处理得好就是转机。

其后，在肖剑的推荐下，廖雪峰花费近10万元修完了教练管理的全部课程，那是他作为企业家第一次走出去学习。过去五年来，他几乎把全部的心思都放在了公司的生存与发展上面，尽管平时也强调学习，却局限在了书本的充电和工作经验上的分享。

不间断地外出学习与走访让廖雪峰“功力大增”，无论是人脉圈子还是个人气场，都有了更高意义上的提升和转变。这之后，廖雪峰主动约了当初那位合伙人一起吃饭，真诚感谢他为公司曾经的付出，也在自我反思中表达了愿意将其作为永远的朋友，在未来友好互助、良性共赢的设想，就此成功化解了两人之前所有的心结——有德之人，纵不同道，亦可同行。

宽恕一个人的最高境界，不是忘掉，而是豁达；不是原谅，而是感谢！

这只因为：原谅曾经的伤害虽已难得，但只有当你意识到正是这段经历成就了你的胸怀，方显可贵。

再读书：唯有学习永生路

历史不容假设。但，未来可以！

人在探索前行的路上犹如沙盘推演，每一步正确的抉择得先从假设开始。一如，假设上天重新给了你一次生命，你又会怎样对待剩下的人生呢？

2012 年 5 月，廖雪峰决定亲自到深圳开拓市场，那段时间，他白天到处跑市场，晚上则带着团队进行总结。等大家都走了，自己再加班兼做财务核算，一直到深圳分公司趋于稳定才又重新回到上海——据财务经理徐华回忆说：“那段时间里，为了降低公司的运营成本，廖老师没有租房，晚上就睡在办公区域的地板上，一睡就是好几个月。”

千秋邈矣独留我，百战归来再读书。

多年社会上的滚打摸爬，让廖雪峰深深感受到及时为思想充电的重要性与必要性！有时候，廖雪峰觉得自己就像是一只海滩上搁浅多时的鱼儿，终于又通过不断学习带来的氧气与力量游回了海洋。他甚至感叹自己过往对学习不够重视，导致自己这几年渐渐就像温水里的青蛙，在不知不觉中走向了后知后觉。

一个人身上散发出的自信气场，一定有其所长为支撑，正所谓“有恃才能无恐”。

公正地说，对于过去的自己来说，廖雪峰一直都是超越者和战胜者，多少年来一直在坚持追梦、圆梦，总结与前行。但就时代的发展速度和他为公司制定的规划目标而言，这样的学习力无疑是不够的。

2012 年年初，教练管理班的企业家同学相约在海南三亚举办论坛。感受到差距的廖雪峰在回来之后，便立刻到其他优秀同学的企业中去参观，学习他们的企业管理和文化，并结合了对快递业以及公司现状的思索，一个让雄达持久做强做大的计划很快便酝酿实施起来。

首先，基于未来的发展目标，廖雪峰将公司名称变更为：上海雄达国际物流有限公司，自此专注于为跨境电商提供一站式的国际物流解决方案。

其次，从 2013 年起，廖雪峰开始带着团队先后投资逾百万到五项管理、行动教育等培训机构进行系统学习，然后再不断地转训、落地，此后至今的每一年，廖雪峰都会将公司利润的 5%~10% 作为团队学习的资金投入。

己所不欲，勿施于人，廖雪峰深知身教永远比言传更重要。

从团队学习到文化落地的过程中，廖雪峰几乎都是全程参加，如果是管理团队的外出学习，哪怕是自己已经学过也会陪同。而对于不太愿意学习的少数管理层，在公司大会上，他耐心而又坚定地向团队说明学习的重要性："别的事情咱们都好商量，都可以讲民主，但唯有在要不要学习这件事上是没商量余地的，能商量的就是下一阶段学什么和怎么学。"

"您当时在做这番表态的时候，员工不会有什么想法吗？"笔者笑问。

"员工其实是企业的投资人，用时间和青春在投资着公司。既然是投资，就要对投资人负责，要有高标准的责任感，我的职责就是让员工在公司的资产保值升值，即使哪一天他离开公司，也能以学到的本事在外面受人尊敬，自己在未来也能少走弯路。所以，我告诉大家，在产品的聚集上我们应该做减法，但对学习，我们只会做加法。"廖雪峰如是回忆。

让一个人从不愿学习到爱上学习的转变，无疑是一波三折的。更何况，廖雪峰需要改变的还是一群人。

事实上，在一个人没有爱上学习之前，转变习惯的过程甚是枯燥乏味，这种感觉既没有旅游时的流连忘返，又不似巧克力蜜糖般津津有味，而有些对企业极其重要却又很深奥的管理课程，廖雪峰如同咀嚼口香糖一样反复去复训，力求"温故知新"。因为他深知："一个人干不过一个团队、一个团队干不过一个系统、一个系统干不过一个趋势！"而对一个有远志的企业家来说，没有危机感才是最大的潜在危机，诸如：柯达、诺基亚这些曾经的行业领先者，却被后来者无情颠覆的残酷事实，言犹在耳。

廖雪峰认为：学习既要学其表，又要学其里；不仅要学其形，更要悟其神。比如：对于任正非那句流传甚广的名言：“让听得见炮声的人决策。”他对此的理解是：“听见炮声的人不一定能决策，但决策者一定要听得见炮声。”为此，廖雪峰经常深入到一线的各个环节：一个优秀的领导人不一定样样通，但要样样懂。

坐而闻道，起而践行。

在公司的学习氛围和体系建设步入正轨之后，从 2016 年开始，雄达逐步砍掉了过去传统包裹的代理业务，转而自己开专线、开航班、开船次，公司从单一的货运代理全面升级为做自主品牌的物流配套解决方案，雄达人在过去多年来对学习坚持投入的前瞻性价值在此时凸显了出来。

此后数年间，雄达业务的增长率保持着每年 50% 以上的递增速度，即使在行业环境不景气甚至疫情期间，客户对雄达人诚信务实的深度信任让企业的效益不减反增，而市场的积极认同无疑也是对廖雪峰狠抓“务实做事与学习创新不动摇”信念的最好嘉许。

雄达人：内圣外王行天下

人生卓越之路的起点，颇像一幅波澜壮阔却充满未知的“多米诺骨牌”。

尽管，开始第一张牌的力量看似渺小，但只要你成功推倒了第一张牌，后面一连串的骨牌效应就会显现，直至走向人生成就的巅峰。

阿基米德也曾有一句广传于世的名言：“给我一个支点，我可以撬动地球”，纵观那些最终走上巅峰的所有古今名人，他们无一例外地都有一个共同的特征，那就是：找到了这个支点。

然而，很多人并不知道的是，找到这个支点或是第一张骨牌的秘诀就在于：一生只做一件事！换言之，只要你找到一件能让你用一生去做好的那件事，也就来到了第一张多米诺骨牌的脚下——如此，每个人也就都能撬动自己的“人生地球”。

在廖雪峰创立雄达国际物流之前的所有生意，也仅仅只是以机会为导向的“生意”，哪有钱赚就去哪儿。那时的他并未想过要选准一个行业去精耕细作，反倒觉得那样是在“一棵树上吊死”，正是这样的思维让他看似遇到了很多的机会，却也失去了将每一株机会的幼苗培植成参天大树的机会。

做员工不轻言跳槽，做高管不轻易换行，而做事业，一旦选定便是一生——这，不仅是廖雪峰对自己往昔奋斗的回首，更是他对自己心路历程的感悟结晶。

身在世俗，历经尘土，方知众生有无奈，深悟人间多疾苦。

廖雪峰确信：作为一位过来人，唯有将自己一路上的所学、所感、所悟及所得分享出来，让更多的年轻人在奋斗的过程中少走弯路，以最少的代价去迎接成功！这，就是个人对于社会责任担当最好的践行。

也正因如此，廖雪峰在公司内从来不把自己定位为老板，而是像父亲那样做一个老师：老板在管人，老师却在育人。

从 2015 年开始，加入盛和塾的廖雪峰有一次听到稻盛和夫的分享，当稻盛先生分享说曾经反复问自己：经营事业的理念是否做到了“动机至善，私心了无”时，廖雪峰心头猛然为之一震，不由得联想到：连稻盛那样的传奇人物都永葆一份敬天爱人之心，那一向以老师育人为荣的自己又做到几分？稻盛先生依靠精进纯粹的“利他之心”将两家企业带进了世界 500 强，雄达的事业与之相比，又才走到哪一步呢？

有理想的企业才是平台，有使命的领导才是良师。

从那时起，廖雪峰便决定再一次放大理想的格局：将雄达国际物流做成快递业的顺丰，甚至是受人尊敬的百年民族品牌，未来雄达也要有自己的货运飞机。对于一个立志做 100 年的企业，10 多年的历程才只是刚走进青春期的少年……望着台下同样心潮澎湃的团队，那一刻，廖雪峰觉得自己又重新回到了当初那个怀揣着激情的追梦少年——不同的是，这一次，他是要为成就雄达平台上的每一个伙伴而奋斗不息。

为了实现将企业经验、人才及文化的复制与传承，廖雪峰决心启动雄达商学院的构建研发。幕后的课程研发远比台前的课程听讲枯燥许多，每一次的研发磨课还都是封闭式的、全天候的，更重要的是这些所做所为不能立刻就得到回报。即使是在职多年的高管也难免心生报怨，廖雪峰理解大家，但初心给了他无尽的恒心、信心与耐心，他告诉团队：学习力更为重要的是对知识经验的转化力，每一家有远见的企业，都必须沉淀足够的知识储备、打造自己的内部培训师。为此，他全程参与了研发过程中的每一个环节，直至历时近半年多的雄达培训中心终于在 2019 年半年度的年会上挂牌成立。

回首过往，廖雪峰深知，人因相信而能看见，又因看见而愿坚持，终因坚持而有所成就。

展望未来，廖雪峰也深信，每一个有所成就而又能受人敬重的人，无一不是懂得分享的人。职场有竞争，商场有斗争，但无论如何，非利他者难以服人，非厚德者亦难持久。

2020 年初，突如其来的新冠疫情铺天盖地地袭向全国，一时间几乎人人自危。在无法预料何时才能复工的情况下，许多同行企业都开始了减员、降薪的经营预案，但廖雪峰早在尚未返程的 2 月就告诉团队："雄达的现金流储备足以应对危机，不论疫情何时过去，公司都不会裁减一个人，也不会降低或延迟发放任何人的薪资"，铿锵有力的承诺有效打破了组织懈怠的潜在风险！在初步稳定军心后的第一时间，廖雪峰随即又带着全员在线培训、在线上岗，积极寻求适合自己的"新开工"模式，处变不惊的统筹运作也为之后的逆势爆发奠定了坚实基础：在许多公司业绩都在受损下滑的同一时期，雄达公司的业绩增幅同比接近 1 倍。

"任何时候的逆势增长，都离不开企业对市场变化的敏锐感知、对主营事业的聚焦，但最根本的还是过往沉淀萃取的企业文化"谈到疫情对企业经营影响的感受，廖雪峰如是坦言。

在诸多的雄达文化中，有一项很特别的"爱心基金文化"：在每月月初的晨会上，廖雪峰会基于自愿的形式组织团队做一次筹款并定期捐给红十字会，并且在团队的捐赠总额的基础上，自己再捐一倍；而在平时，他还时常带着员工去参加社会义工与走访残疾人学校，在给他人带来温暖的同时，也让团队更加珍惜光明。

用大爱做成的每一件事，再小都是圆满的；用真心践行的每一条路，再难都会畅通的——因为，唯信任不可负，唯使命不可挡！

对此，廖雪峰一直深信不疑。

很早时，笔者曾听过一句话："人因梦想而伟大"，而在历经风雨洗礼后的廖雪峰看来：仅有梦想并不一定让人伟大，自己有梦而能不忘他人，方能成就伟大。

小节回顾 ‖ 笔者总结

1. 比努力更重要的是决心，比坚持更重要的是方向。

想要深刻读懂这两句话，还要先找到那几个最简单的哲学命题：我是谁？我要去哪里？为什么而去？问清楚这些，才能认定方向、下定决心。

2. 像包容自己一样宽容他人。

己所不欲，勿施于人。在现实生活中，我们如果能把包容自己的一半用到别人身上，我们将会看破很多假象、减少许多烦恼，并多出许多朋友。

3. 学习力 + 转换力 = 创新力。

与其笨鸟先飞，不如未雨绸缪；与其临渊羡鱼，不如退而结网；没有学习力的保驾护航，笨鸟即使先飞也坚持不了多久。

第 4 章　对话职场｜智慧心：半生感悟尽分享

短暂的激情是不值钱的

问：您认为在职场中获得成功的秘诀都有哪些？

有三个关键词吧。

第一个关键词是：选择。“选择比努力更重要”是很多成功人士的普遍共识。把工作当作一种被迫的生计的人很难说能干得有多出色。当然，让自己一开始就喜欢与个人兴趣不符的工作可能会不太容易，但事实上，没有哪一项工作中的兴趣能够轻易获得。你要潜下心来，从中去感受工作对于成长的意义，以及这份意义所带来的成就感。那时，你会在不经意间发现，原来爱上已选择的工作并没有想象中那么难。

第二个关键词是：坚持。现在很多年轻人都在给自己挖坑而不是挖井，也就是不断地去跳槽。其实跳槽本身也是一种选择，但当你一直处在选择阶段，就很难把一口井挖出水来。任何领域，一项成果的产出都需要具备匠心精神，而匠心就是“喜欢＋坚持”的结果。

最后一个关键词是：激情，或者说是持久的激情。我自己很喜欢马云的一句话：“短暂的激情是不值钱的，只有持久的激情才是赚钱的。”包括到今天我都还经常跟团队讲，在最初创业时我们只是一个第三方的物流平台，那凭什么能够在市场竞争中一路走到今天，其实也正缘于雄达人长久以来对事业葆有的这份激情。

问：一个刚入职场的年轻人，也就是第一次面对工作选择的职场人，他该怎么做？是专业对口优先，还是喜欢兴趣优先？

其实很多员工最终从事的工作，和当初在学校里的专业都不对口，我们公司也有很多，但这并不妨碍他们工作得很出色。所以，人在面临选择时最重要的就是价值取向。也就是说，对你而言，什么才是你最看重的？是能力成长？发展空间？轻松舒适？还是赚更多的钱？

你可以不确定自己会不会喜欢上某个行业或者某家公司，但你必须在选择之前明确自己想要的是什么？尤其是这家公司的环境、文化和氛围要能不断赋能给你，这时你就会重新定义对职业兴趣的判断，也会衍生出对这家平台以及平台所属行业的喜欢，而这种喜欢才是最为持久的。

问：对于职场上一种叫作“骑驴找马”的现象，廖总您怎么看？

我个人对这种现象是不赞成的，但这种现象又是可以理解的。

因为，它几乎是每一个人成长路上所必经的，即使是再过十年二十年，这种现象还是会有，社会对此应该给予包容。因为即使是弯路，很多人也要走过之后才会知道走了弯路，这本身不是什么坏事。只有当积累了一定阅历和经验的人，才能对这些弯路“免疫”。所不同的只是经历弯路时间的长与短，有些人善于在过程中不断地总结和思考，另一些人则不断陷入选择和再选择的循环之中，最后白白错失了原本的大好机会。

问：假如一个员工离职了又后悔了想回来，当“好马想吃回头草”时，您会同意吗？

嗯，这种情况我们公司也有，而且不止一次，对此原则上我是支持和接受的，我把它称之为“精英回巢”（笑）。在前一个问题中，我也提到应该给予犯错的年轻人一定的包容，包容就意味着要给予别人机会。当然并不是说每个人出去了都可以回来，给予这样的机会要具备两个前提：一是，他不是因为触犯公司的价值准则而被辞退的，也就是说大家依然是志同道合、彼此信任的事业伙伴；另外，他自己在心底里要能意识到之前的自身问题和不足，也愿意去改正这些问题。

（那如此会不会给一些员工这样的错觉：既然出去后混得不好还能再回来，从而不珍惜当下呢？）

其他公司的情况我不了解，但就我们过往的实践来看，这种担忧是不存在的。

首先，“精英回巢”意味着这个员工本身的能力和为人都是被肯定的，这无疑要比重新招聘和培养一个新人所需的代价要小得多。

另外，当员工再回来时，他在心底里一定会更加地感恩和认同公司，这样员工的积极性和稳定性往往更高，因为他比一般人更渴望用成绩去重新证明自己。

最后，对其他员工而言，现身说法的案例教育效果远比任何说教的效果都要好，优秀的员工再次回到公司，本身也在说明公司平台的优秀。筑巢才能引凤嘛。所以，这样带来的影响通常都是正向的。

问：您觉得是价值观重要还是业绩更重要？假如一个员工业绩优秀但不认同公司的价值观，另一个员工守护公司的价值观但业绩不行。您会如何取舍？

那肯定是价值观更重要，这一点毫无疑问。在之前，我们曾经把业绩排在首位，但（雄达）经过这么多年发展的总结，我们发现做事业不同于做买卖，一定要以价值观认同为前提。如果一个员工业绩再优秀，但内在的价值观念和公司格格不入，那他要么能够改变价值观念，要么选择离开。

（也就是说，您更愿意守护企业的价值观，即便是损失眼前的业绩也是在所不惜的。）

是的，我们一直就是这样做的。只有守住了价值观，才能为企业带来更大与更长久的业绩。

问：今天，“95 后”“00 后”已经渐渐成为职场的主力军，而这一代人对于金钱或者成功的诉求，并没有像“80 后”或“70 后”那样的渴望。作为管理者，应该怎样去管理，或者说激发他们内心的动力呢？

首先，管理者一定得及时调整对自我的认知和外部环境的觉察，只有当你懂得“95后”的思维才能管理好“95后”。那么，今天“95后”内心真正的诉求是什么呢？

有一本书，名字叫作《游戏改变世界》，这本书可以给到管理者很多的启发。“70后”“80后”普遍追求的是活着要“有意义”，而“90后”“00后”追求的却是生活要“有意思”。所以，我们可以在公司里设置很多有活力、有趣味的机制去激发“95后”们的参与感和荣誉感，注意是机制而不是制度。制度是用来框住人的，而机制却是用来解放人的。

问：您觉得今天“95后”的新人，在职场上最核心的诉求是什么？

尊重，一定是被尊重。有尊重才会有信任，如果你能给到他们以足够的尊重和信任，你会发现他们的潜能是很惊人的，一点都不会比老员工差。

（那么，这种尊重和信任的给予，具体体现在哪些地方呢？）

首先是参与。比如管理者在制定一些团队的机制之前，要尽可能地让新员工参与进来。这当中可能有些人的心理还没“成年”，提出的见解也会是天马行空，但在管理者的心中不能再把他们看作小孩子。员工对团队事务参与得越多，对团队的融入感和归属感也会更多。这一点，作为中层管理者一定要重视。

其次是信任。现在很多管理者都在谈赋能。其实，在传授方法之前，更重要的是要让员工领悟找到方法的规律，而非方法本身的技巧，这就是“为什么比是什么更重要”的原理。眼盯紧、手放松，在你的视线范围内让员工放手去做。当员工的能力因此获得突破时，就会更加感激作为“伯乐”的你，你的团队也将因此绩效倍增。

最后还要给予荣誉。无论哪个年代的人都希望得到荣誉，这是人的天性。管理者要经常去设置一些让员工有成就感的荣誉仪式，从而让“有意义”和“有意思”融为一体。在从“教条式管理”到“人性化管理”、从“粗狂式管理”到“精细化管理”的转变中，都离不开给予员工充分的尊重、信任和荣誉。

问：您提到了《游戏改变世界》这本书，在现实中沉迷于各类游戏而耽误工作的年轻人，是否也属于“游戏改变了世界”？

我也正想要补充说明这一点。其实《游戏改变世界》这本书最核心的一个关键点，那就是：即时反馈。游戏为什么能让那么多人为之沉迷？那是因为游戏的设计者在游戏中都设置了“即时反馈”这一机制。你看，当你在游戏中不停地去打怪、放大招、过关等等，游戏就会给你最即时和相等的奖励反馈，这是最能激发人性活力和干劲的。

而“游戏化管理”思维的独特性也正在于此，我们完全可以从中得到启示，从而让工作也像打游戏那样有意思，而且这（比网游）更有意义。举个例子：在现实世界中，当你通过持续的努力工作而不断地过关斩将（升职加薪），最后拥有了车、房和你想要的结果，实现了理想也改变了人生。这难道不比在游戏世界里获得的那些虚拟道具更有挑战性，也更有激励性吗？在游戏中无论奖罚都是即时反馈的，而在现实中，一些领导者忽略了去设计一套符合人性的“即时反馈”机制，也就是他做得好时你没有即时奖励，做得差时你却反而揪着不放，这样怎么能激发出人性的创造欲呢？

问：对于前段时间在网上引起热议的“996”工作制现象，您怎么看？

最近我的圈子里，很多人也都在谈论“996”的话题。前几天正好听到阿里巴巴一个管理者的分享：“其实没有哪一家公司是希望员工加班的，我们有一种文化叫作：“今日事今日毕”。也就是，在当天能够完成的事情不拖延到第二天。

就我个人的看法来说，首先加班这件事一定得是员工自己主动的，特殊情况下公司可以动员，但还是需要员工自愿。其实也并不是所有的老板都希望员工加班，至少在我们公司，我是提倡不加班文化的。因为我自己平时在公司走的就比较晚，有时候看到员工还在工位上，我还会“赶”他们走（大笑）。

但同时，我也会尊重和欣赏员工愿意在非工作时间外继续工作的选择。很多人在谈到“996”时其实都陷入了一种误区，即：企业主为了效益的原因强迫员工加班，而员工对此都是抵触的。事实上，在今天同样也有很多有独立见解的年轻人愿意主动加班，甚至享受这个过程。这不仅是因为这类员工的梦想更为远大，而是他们愿意为自己将来的志向提前去做一些储备，更因为他们能把工作的本身也当成一种乐趣。

当你把背包扔过墙，拥有一个新习惯就只需 0.3 秒

问：在人的成功三商（智商、情商、逆商）中，您认为最影响成败的一个是什么?

以上每一种对成功都很重要，如果一定要优先选取一项，我选逆商。

一个人逆商的高低是由其在后天的实践锤炼中得来的，而非先天拥有或书本上就能学来的。人在追求终极幸福或者最终成就的路上，失败的挫折可以说是无法避免的，聪明人能取得领先，但当逆境来时你会发现唯有心理抗压能力强的人才会笑到最后。所有有恒心的人都是能坚持的人，也是最不容易忘记初心的人。我记得爱迪生说过：我这一生从来没有失败过，我只是发现了不适合做灯丝的无数种材料，包括“龟兔赛跑”的故事，也是在说明这个道理。当然这不是要否认其他事情的不重要。但就我个人的观点而言，我认为一个人在后天最难能可贵的莫过于逆商。

问：在没做出成果以前，很多员工都有着饱满的热情、干劲和责任心。可为什么当他们拥有一定的成绩或结果之后，曾经这些优秀的品质反而荡然无存了呢?

我记得哈佛商学院有位教授说过：“没有危机感，是你面临着的最大危机”。

这当中主要涉及两个层面，首先是个人目标感缺失的问题，目标的缺失必然导致源动力的缺失。当他达到原先的既定目标，却没能及时为自己设计下一阶段更高的新目标，此时就很容易被眼前的良好感觉所迷惑，从而偏离初心。再一个，这就确实跟我们的管理者有关系了。一个人的失败跟自己脱不了关系，一个人的成功也和外界脱不了关系，而在从成功走向失败路上的风险，有时候当事人自己是不易察觉的。优秀的管理者懂得在员工飘飘然的时候善加引导，并根据形势的变化和发展去完善适合当下激励人才的新机制，一个良好的机制能让不合格的员工变得更优秀，反过来说也一样。

另外，管理者也要注意别把光环太偏向于当下业绩好的人，而是应该注重团队整体的建设。只要有业绩什么都是对的，业绩好的人怎么样都可以，这样的管理效益怎么能长久？大善乃大恶，大恶乃大善，对业绩表现好而行为表现放纵的人所给予的纵容，其实对他是一种伤害，这只会让这个人更加骄纵和眼高于顶，最终由盛而衰，这种伤害最终都会反噬（到团队的身上）。

问：您有没有听过，职场里所谓的“办公室政治”这个名词？

是的，我听说过。我可以负责任地讲，没有哪家企业能做到完全规避这个现象。

流动的人心，不变的人性，在面对涉及自身利益的得失时，人性的本质就有这样的基因。所以，我们要从心理上去接受它，更准确地说是接纳它（笑）。

至于化解，我们确实可以通过一些恰当的方式将这种现象带来的伤害减少到最小。其实这当中最核心的关键在于两个词：透明和标准。为什么有一些公司的办公室政治气氛很重，而另一些公司就会好很多？因为很多公司的机制不够透明，执行得也不到位，员工对于获得公平的待遇和公正的机会没有信心，所以就容易滋生内部派系的明争暗斗。这个时候，企业价值观的巨大力量在这个时候就凸显出来了，你的公司提倡什么、反对什么，这些都应该是大家共同遵守与约定俗成的行为准则。

问：假如一个人很想改变自己，但身边的人却不支持，甚至还嘲笑和打击他。这种情况下，您觉得这个人最好的应对方式是什么呢？

当一个人真正养成一个习惯，或者说下定一个决心，你知道所需的时间是多少吗？其实并不是什么 21 天养成一个习惯，而是 0.3 秒！也就是说一瞬间。在一瞬间你就能拥有一个新习惯。

举个例子：你看，就像我们面前这个刚刚烧开的水壶，如果你的手不小心碰了上面，你在瞬间就会抽回来，这时候无论别人怎么蛊惑你（去摸这个壶），你会理睬吗？再比如说：你看一个几十年的烟民或者酒鬼，为什么去了一趟医院回来就能马上戒烟戒酒？为什么平时无论别人怎么劝，他都不会破例？已经抽了几十年，难道这个习惯还不够深吗？为什么他有这么大的魄力去纠正呢？所以说，决定一个习惯的养成是源于我们自己的价值驱动。因为只有充分意识到了危害，才能在 0.3 秒的那一瞬间下定决心，而不是基于别人的看法。

如果真想下定这个决心，我还有一个方法："把背包扔过墙"。

墙就像是我们在路上遇到的一面阻力。可以想象一下：如果你已经先把随身的背包扔到了墙的对面，假如不跨过这面墙，那会怎么样？这时你是不是想尽一切办法也要跨过去！我和团队在面对某些挑战性的任务时，也会采用这一策略，有时候不去逼自己一把，你可能永远都无法发现，成功就在前方的某个拐点。

问：职场有句话叫："胸怀是被委屈撑大的"，但今天的年轻人很多时候仿佛都难以承受委屈，尤其在面对他人的误解和不公平对待时。这时他应该怎么办？

这其实是一个很大的社会命题。我们都知道："给是一种能力，舍是一种智慧。"人们在遭遇不公时的抵触、消极和抱怨，这类现象既正常也不正常。

一方面，对年轻人而言，他的经历没有那么多，对人生的取与舍、失与得、是与非、祸与福之间的转换关系还没有一个较深的感悟。在面对不公之时，有一些过激的反应也是人性的使然，我们不能用10楼的高度和标准去要求一个身在1楼的人；即便是今天站在10楼的人，在遇到更大的不公面前，也很难说就一点负面的情绪都没有。内心成熟的人并不是不会产生负面情绪，只是能对自己的各类情绪及时感知并予以转化。

再一个，就是（不平和不公）这类事情本身不可能完全避免。多数情况下，领导者都是站在全局的角度去考虑事情，包括对任务的分解和利益的分配。有时候是真的无法面面俱到，还有一些时候则是为了故意考验一个人。无论是哪一种情况下，当事人都应该学会："行有不得，反求诸己"，遇"不公"先深思而后行，还是有疑惑就要及时沟通和反馈，但切忌在冲动或意气之下去做出一些决定。

越级汇报是坏事也是好事

问：您觉得一个员工在具备什么样的基础条件时，可以被提拔？

德才兼备。这个没什么好说的，要提拔某个人成为管理者，必须是德才兼备才可以（服众）。

先说"才"，才可以理解为专业能力，这个既容易理解也容易考核，毕竟他过往的结果是不会骗人的。被提拔的这个人专业能力不一定是最佳的，但要过硬，不能外行指挥内行。

然后就是"德"的层面，这是最主要也是最不好衡量的。德并不表示说他是好人还是坏人，是善良的还是邪恶的？而是指他的价值观。优秀的管理者并不需要对老板唯唯诺诺，也不用唯命是从，但行为处事必须要匹配公司的价值观，并认可企业文化。价值观跟业绩的考核又不同，它是长时间大家在一起共事时，在潜移默化之中形成的思想认知：比如这个人比一般人更具责任心，比其他人在遇事时更有团队精神，等等。

问：一个新提拔者如何去管理专业能力强于自己的下属？当这类有能力的"刺头"下属不服从管理时，管理者最好的应对方式又是什么？

我们常说“用师者王，用友者霸，用徒者亡”，问题就是课题，危机就是机会，这一点管理者必须明白。

回到具体的应对策略上，可以从两方面来说：

第一，尊重人才，这是在管理者的心性层面。在一个团队中，彼此间的关系要么相互补台，要么相互拆台。管理者的胸怀就应该比普通员工更广，要勇于放低自己的身份，主动去倾听员工尤其是老员工的心声，肯定他们过往对团队的贡献，包容他们内心的不满甚至是对你本人的意见。你托起了员工，员工才会愿意托起你。而给予老员工足够的尊重，既展现了胸襟，避免了团队内部的对立与内耗，又能让其他人刮目相看，这是聚拢人心的前提。

第二，帮助成长，这是在管理者的实力层面。不论是领导还是下属，都是要以结果为导向的。实实在在地通过赋能给员工，特别是那些业绩上暂时不如“刺头”但又有增长潜力的那部分中间员工，让他们的业绩突飞猛进。换言之，通过你的领导力和营销能力一边安抚老员工、一边帮助新员工，这时你作为领导者的真正实力和人格魅力就能展现出来，道术合一，下属们就会心服口服。

问：晋升上来的管理干部，第一次却未能把团队带好，这无疑是有负组织信任的。对这样的人，您认为还应该给其第二次机会吗？

别的公司我不知道，在我们公司是有这种对管理层的淘汰机制。如果被淘汰的管理人员，他可以在面对新的机会时重新竞聘岗位，这时他通常都会吸取上次的失败教训，在管理经验上也会变得更加成熟。

所以，我们认为该淘汰就要淘汰，该降级就要降级，领导者要对全局负责而不是某个人的职位负责，但领导者不会在你第一次没带好兵时就将其打入冷宫，第二次你准备好了，是完全可以再次竞聘上岗的。

问：在职场上有一个词叫作“越级汇报”，您对“越级汇报”这个问题怎么看？是支持还是反对？

原则上，对此我是支持的。我认为，作为管理者遇到下属越级汇报时，首先你要做的就是既不可以批评他，也不允许在事后借故报复，而是应该先反思一下自己。比如：在管理方式以及跟员工的沟通方面是否有做得不到位、不妥的地方？我们都必须要厘清这样几个问题：员工在平时工作中和直属上级是接触最多的，那他遇事为什么不愿意跟上级沟通而是冒险向上级汇报？是不是他已经没有办法和直接领导沟通？那这到底是员工的问题还是管理者的问题，还是说公司的（沟通）机制出了问题？作为站位更高的领导人，这些问题是必须要思考到的。

问：如果有员工觉得自己跟某个上级不合拍，要求换个部门去工作。您会支持这种调动吗？

这个我们是不支持的。

首先，作为公司层面来说，我们任用一个人去做部门的管理者，就必须要赋予他一定的权力以及足够的信任和支持。其次，假如公司允许这种情况，那不仅会损害这个管理者在本部门内的管理威信，也是在公司内开了一个非常不好的先例。再者，这样做对那个员工本人来说也不是最好的方式。你想想，他在这个部门遇到的问题，换一个部门就不会有问题了吗？那如果以后他又因为别的事情和新的部门领导闹不合，我们是不是还要支持他再一次换部门的要求呢？

因此，我们允许员工在认为必要的时刻越级反映问题，却不会支持他换部门的要求。除非是公司因发展需要而进行的正常转岗调动，而不是因为产生了矛盾而转岗。所以，越级反映问题和因此要求换部门这两个问题，虽然二者具备一定的关联性，其性质却是完全不同的。前者是为了更好地解决和预防问题，后者的本质则是在逃避问题。

唯学习方永生，不学习必落伍

问：您觉得学历对人才重要吗？学历和学习力对一个人的成功，哪一个更重要？

嗯，在今天我们确实听到一种声音，那就是“学习力比学历更重要”，而且这种声音还很有市场。

其实，我自己认为这是两个有所关联但又属不同类别的两件事情，就像酒和水的关系，水是制造酒的材料，酒又是水的升华。同样，高学历来源于高学习力，在学生时代刻苦不懈的学习使其最终拿到学历，不也是他高学习力的一种体现吗？人在每一个年龄段都会遇到不同的干扰，能够排除这些干扰最终拿到学历的人，是值得我们尊敬的。

至于说学历和学习力哪个对人更重要？这是在拿不同阶段的事物在作对比，只能说这两者所走的人生路线注定不同。人们经常喜欢拿那些学历不高，但现在成就却很好的成功人士来说事，尤其喜欢拿一些高学历的人为低学历的人打工的事例。这其实是为了激励那些没能拿到高学历的人对于未来的信心；就整个社会来说，低学历的人为高学历的人打工的占比更高。当然那些曾经拿到高学历的人，如果自以为有了学历就能高枕无忧甚至失去了当初的学习精神，那学历就只能渐渐变成一张自我安慰的纸片。

但假如一个人明知道自己的学历低，学习力却还是不如人，也就是我们常说的“比你优秀的人比你还更努力”，那社会不淘汰你淘汰谁？

问：对一些不爱学习的员工，尤其是不愿学习但目前业绩却很好的员工。您会怎么办？

坚持学习。这与他现在业绩的高低无关。有句古话叫作：“富不学富不久、穷不学穷不尽”。无数事实已经证明，一个轻视学习或不愿在学习上为自己投入时间精力的员工，这是一种不成熟的思想，也是对自己不负责任的。他所谓的保证即使兑现也是一时的，如果等到他业绩跟不上、学习力又跟不上时就已经晚了，那时他和公司都将是双输的局面。

当然，如果他始终抱定他的想法不肯改变，这又要说到价值观的层面了，我们要培养的是一支志同道合的团队，“唯学习方永生，不学习必落伍”，公司内部一直致力于打造学习型组织，在其他的问题上我们都可以做减法，在学习上我们是随着需要而不断做加法的。

问：您经常带团队去外面参加各类学习，您是否担心员工的能力和视野都提升后，跳槽单飞或者被同行公司挖走呢？

在很早以前曾经有过，但现在没有了。（大笑）

在一次参加课程时，导师的一句分享把我点醒了。他原话的大意是：很多企业家都担心员工在成长后会走，那怎么办？这确实是一个问题。但是，如果一个员工不学习不成长但他却没走，那又怎么办？员工学习后的成长是必然的，但离开却不是——即使最后走了，你为他在学习上投入的回报也早就回来了。

作为领导者真正要考虑的其实是：员工在学习之后能够留下多少人（为公司带来的更大效益），而不是可能会走的那几个人（学习成本上的损失），不是吗？也就是说，你的眼光紧盯着的是能创造更多产出的那部分，还是不放过那可能会发生的另一小部分。

问：如果员工离职后又变成了公司的竞争对手，您会不会怪他们没有感恩心呢？

我们要相信绝大部分的员工都是有感恩之心的，他们愿意回报那些曾经支持过、培养过他们的人，并且会永远记住他。领导者哪怕只是不经意间的某一句话，都是有可能影响下属一辈子的。当你每改变一个人，就能影响到一个家庭，并传递给他们身边更多的人。

另外，当一家企业能够为行业甚至社会培养出优秀的人才，本身就已经说明这家公司的优秀，而优秀的公司不会因为老员工的离开而中止对新生代员工的培养。你看，阿里巴巴走出来那么多高管，阿里巴巴受到影响了吗？并没有。阿里巴巴怪那些跳槽的员工不懂感恩了吗？也没有。

问：最后一个问题，对于今天正在职场上奋斗的年轻人，您还有哪些叮嘱或者要分享的建议吗？

嗯，我觉得还是要先认清自己。

你看今天的职场，包括整个社会上的年轻人有很多都是眼高手低，急功近利，所以才有那么多人存在对目标的三分钟热度。这本身不能怪他们，年轻嘛！但也正因如此，懂得沉淀积累的人才显得那么可贵。职场和商场讲究的是等价的价值互换。“德不配位”和“能不配位”都是不长久的，当人的才华尚不足以匹配梦想时，能认清自己当下所在的位置和所朝的方向，你说重不重要？

再者，在择业时要有一个正向的价值三观。年轻人在职场上，如果你总是带着挑剔或批判性的眼光，你会觉得哪哪都是问题。其实，无论你在哪都会遇到你不喜欢的人，当你能以一个正向的处事三观去看待这些问题时，就能学到更多、悟到更多、得到的也会更多。

The 5th Chapter

第五篇

对话郝珊丽：走在永远成就他人的大道上

在每个人探寻生命成就与存在价值的路途中，大多数时候都只能独行。

也正因如此：一些人在不久后的半途便渐渐迷失了自己；另一些人虽找到了方向却因力竭难撑而遗憾止步；还有一些人，在历尽千辛后才发现，那里竟不是自己想要来的终点……

唯有永远走在成就他人的道路上，才能既找到人生真正意义上的幸福，又能绽放生命的最大价值。

人物简介

郝珊丽

上海行动教育科技股份有限公司	金牌总经理
行动教育集团	高级讲师
《实效管理团队》	创课主讲导师

2013~2020 年连续 8 年集团业绩及利润全国第一

先后培养 7 位集团总经理，2 次带领上海分校销售破亿

第 1 章　苦尽而甘 | 忆往昔：求学困心生大志

守初心：不负过往不负今

生而为人，何以为人？人行一世，又何以安世？

她，一个“85 后”的普通女孩，身形单薄，体格瘦小。

23 岁时，大学刚毕业的她，凭着一张车票、几件行李，外加一个信念，就这样孤身从临汾来到期待已久的大都市：上海。

北上广深杭，历来是莘莘学子梦想首选的事业天堂！上海，作为中国的经济引擎之都，更是有为青年们在奔赴前程时的“必争之地”——尽管这座被称为“魔都”的城市，很像钱钟书先生在《围城》中描述婚姻的那样：“城外边的人一心想冲进来，城里面的人又要冲出去！”——但与小说中稍有不同的是：职场宛如战场，城外无数人一直在拼命地冲进上海，城内的很多人则是又无奈地被挤了出去。

行走在上海终日川流不息的人群中，这个名叫郝珊丽的女孩，怎么看其身影都是那么的瘦弱与渺小。

但，谁也未曾想到，仅仅数年之后，就是这个曾经看似并不起眼的身影，这个在大学四年间几乎默默无闻的身影，这个从小就饱受同学欺负嘲笑的身影，竟然神奇般地用自己的勤奋、智慧和善良，一路从业务员、总监、副总、总经理再到上市公司股东、集团高级讲师，她不仅一步步成功地将自己原先的命运轨迹改写，还把自己一路上身体力行得来的所学所悟分享到全国各地的许多企业！从“郝总”到“郝老师”，她以“讲我所做、做我所讲”的务实精神，帮助并激励了一批批同龄乃至更年轻一辈的身心成长。

毫不夸张地说：深刻于骨髓中的朴素三观和忠诚信仰，让郝珊丽无论在事业还是婚姻上，都无愧于“从一而终，初心坚守”这八个字的评价！——这两句听来似乎直白简单的处世之道，在当今这个纷扰喧嚣的时代背景下，年轻一辈者能做到的，又有几人？

并坐于她居室外的窗台边，初春的暖阳正穿过玻璃，照耀在阳台上一字排开的十几盆绿植，使这些大自然的生命愈发绿意盎然。品味着她刚加满的蜂蜜茶水，耳听她娓娓道来的回忆分享，感受着她身上自然散发的气质、优雅绽放的亲和，以及堪称传奇而又朴实的奋斗故事，笔者忽然感觉：这一刻的时光就如这缕缕的阳光，让人的整个身心都是那么的舒适惬意。——恍然间，一时很难把眼前之人与那个当初只身拎着拉杆箱四处找出租屋的孤寂身影合为一体。

真正的忠诚，从来与筹码无关，而是认得准、看得真！认得准人则无怨、认得准事则无惧、认得准路则无悔。

愿有岁月能回首，先以深情度芳华！

笔者原以为，以郝珊丽今天所取得的事业成就与生命状态，想必读书时代的她也定然是一个聪慧如颖、优秀奋进的“三好学生”。然而，当她追忆到自己幼时求学的往昔生涯，竟让一向自认为久经沙场的笔者，也不禁潸然动容。

被欺凌：童年卑微校园泪

山西，临汾，历史悠久，人杰地灵。

作为华夏民族的重要发祥地之一和黄河文明的摇篮，临汾有着“华夏第一都”的美誉，从上古春秋一直到现代社会，各领域里诞生的英雄人物数不胜数。

郝珊丽的家乡，就位于临汾市北部的汾西县的农村——不过，早在郝珊丽还没上学之前的懵懂记忆中，一家人就举家迁到了汾西的县城里。

实际上，在那个特殊的环境下，农村的穷人至少还有土地，而县城的穷人则远比村里的穷人更难过。郝珊丽的母亲郭平英身子骨不太好，没有工作，一家人的大小开支全依仗当司机的父亲郝双林。一个人的工资要养活全家七口人，负担之重可想而知。有那么一段时期，郝双林几乎处于失业的状态，长年累月的奔波让他看上去比实际年龄苍老许多。有一次，实在撑不下去的郝双林，颓然地把一个柜子的抽屉打开，那里收藏着他在外跑车积攒了多年的“宝贝”——都是一些稀奇古怪的小玩意。他让郭平英都拿了去变卖，进而买些米面粮食回来，那是一家人最为窘迫的时候。这种境况，一直持续到郝珊丽读到初三的后半学期，郝双林任职了一家私营煤矿老板的助理时才有所改观。

作为在家中排行最小的幼女，郝珊丽上面还有两个哥哥两个姐姐。相较于郭平英的慈祥，郝双林对膝下几个儿女的管教都比较严厉和粗暴：“能用巴掌解决的事情尽量不用嘴巴”，属于典型的严父慈母式家庭。

社会的现实，从不会因为你的哭喊而减轻；生存的无情，也不会因为你的弱小而放过；命运的考验，更不会因为你的逃避而消失！

小珊丽 7 岁那一年，开始就读于县里的小学。就连她自己也未曾想到：原本对校园光阴的满心憧憬，却从她踏进校门的那天起便成了她童年心灵创伤之路的开始，在一次次地被嘲笑、欺负和污蔑中，给小珊丽本就内向的性格中带来了深深的自卑、胆怯和懦弱。而这一时期的心灵阴霾所余留的疤痕，一直到她考取了另一所高中，在时间的作用力下才逐渐抚平。

或许因为遗传，又或者是发音方式有误，小时候的郝珊丽讲话中有一种俗称“大舌头”的口语病，许多常用字的发音和吐字总是含糊不清。比如：“思”字总读成 “师” “三”又读成了“山”等等；而每到这时，她就成了班级里被嘲笑的对象。更过分的是，还有些喜欢恶作剧的男生，竟然先假意以请教汉字的名义，骗小珊丽去念某一篇语文课本，等到她念错时再故意地也跟着念错，随后就是一大群起哄的笑声。本就性格腼腆的小珊丽受到这样的刺激，过度的紧张渐渐又引发了她口吃的心理障碍——自此，小珊丽的性格愈发的胆小孤僻，更加不敢在同学面前开口了。

再受挫：进步当天遭羞辱

这一年，郝珊丽长到 10 岁。

从小学 1 年级到 3 年级的整个学期，郝珊丽的成绩在全班 60 多名同学中，始终都“稳定”地排在 10 名左右——是的，倒数的 10 名。

渴望为他人关注、为环境接受、为社会喜欢以及对一切形式的荣耀渴求，本就是人性的使然。无论是群体还是个人，也不论贫困还是富贵，当一个人所承受的心理压力超出临界点，要么就此崩溃，要么开始抗争。

让郝珊丽觉察到“受够了”并决心改变的起因，源于又一次的不公，一次不同于过往任何时候的不公。

有一个雨天，小珊丽发现自己的伞不见了，在班主任老师宣布下课将要离开教室的一瞬间，她急忙上前报告了情况，希望能借助老师的力量帮助寻找一下。然而，让小珊丽始料不及的是，这位老师竟然只是冷冷地丢下一句“自己解决去”，然后就在她僵住的身躯与错愕的目光中转身走出教室。这个预料外的画面太过突然，整个过程从开始到结束还不到 1 分钟！但它带来的负面效应却已远超事件本身——其他同学去求助老师所得到的对待与她今天的截然不同，让她如坠冰窟。

目睹老师离去的方向，“连老师都不愿意帮助我”的思绪在她的脑海中不听使唤地不断盘旋，以至于最后一节课讲的什么她都没听清楚。

放学的路上，阴冷的天空下着漫天的雨水夹着寒风滚滚而下，似乎永远没有尽头——过往所有的失望、丢人和屈辱感来回交织，仿佛都化身于这冰冷的雨滴中，并冲向这个瘦小而又蹒跚的身影——小珊丽全身尽湿，胶鞋里满是泥水，郝珊丽不知道那天自己是怎样回到家中的，只依稀记得，那一天的风很大，天很黑，心很冷。

——为什么?

——受够了!

——怎么办?

这是一向逆来顺受的小珊丽在有所触动的灵魂中，第一次听到自心底里的呐喊与索问。

时年 10 岁的郝珊丽终于郑重地向自己立下两个誓言：郝珊丽，你一定要变强，要以优秀的成绩让所有人刮目相看！还有，长大了以后你要做一名老师，一名绝不歧视任何差等生的老师！——许多年后，直到步入了职场的郝珊丽才渐渐意识到：正因为当年这一深念种下的因缘，才让她义无反顾地钻进教育行业并走上讲台，成了无数企业员工心中的“好老师”。

从那一天起，郝珊丽一点一滴地开始了漫长、艰难而又曲折的改变过程。

在四年级最后一个学期结束之前，小珊丽长久不懈的努力终得回报，在全校公开的表彰大会上，校长集中嘉奖了各个班级进步突出的同学，也是小珊丽上学以来领到的第一个奖项：班级进步奖！奖品是奖状加一个记事本——在被叫到名字上台的那一刻，整个学期都在起早贪黑复习功课的小珊丽心中溢满激动，也更加坚定她要继续努力的信心！

但，这一奖项带给她的荣耀与喜悦，也仅仅维持了一节课的时长，随之而来的是更大的羞辱。

众目睽睽之下，异变陡生！

就在老师刚宣布下课不久，在郝珊丽猝不及防之下，那位一向看不起她的男同桌，竟突然从她的座位上抢下了这份刚刚领来的奖状，狠狠地扔到地上用力踩踏！内心震惊到无以复加的小珊丽一时间呆住了，完全不敢相信眼前的事实！但就在她弯腰想去拾起奖状之时，那位同学又用力地将她向另一名同学身上推搡了过去，向来柔弱的小珊丽回过神来第一次怒不可遏，扑过去就和这名男生撕打起来，最后被同学拉开！尽管闻讯而至的老师批评了那个粗暴使坏的男同学并重调了座位，却已难抚平小珊丽受伤至深的心——为此，她还专门写过一篇作文，名字就叫：《倒霉蛋》。

"当时，一定很恨那个同学吧？"笔者缓缓而问。

"那段时期挺恨的。我对他看都不想看一眼，就这样一直到小学毕业。"

"后来是怎样看待这段经历的？"

"其实后面回想起来，我时常觉得我还应该感谢那些经历的！如果不是当时被欺负，很可能就不会激发出我心底里的斗志，是那种永远都不再向命运低头的斗志。"

耻为勇：破指明心立血誓

乐观不是不曾悲痛，微笑不是没有烦恼，勇敢也并非不会恐惧。

郝珊丽没修炼过金庸的"九阳神功"，面对长久以来的委屈不公，她做不到像张无忌那般"他强由他强，清风拂山岗；他横由他横，明月照大江"的豁然开朗。

经历过"奖状踩踏风波"的郝珊丽，在从初中到高中的整整六年中，一直缓慢且坚定地自我疗愈着——她将那张印有脚印的奖状贴在房间最醒目的位置，日日凝望，不时抚摸，无声的热泪每每在不觉间滚滚而下。只因这份奖励已赋予她太多奖状之外的不同意义，犹如勾践曾经的"卧薪尝胆"，这张奖状就像一只有生命的眼睛一样时刻提醒着她：今后再也不要被人歧视，再也不能弱不禁风，再也不可随波逐流……

此时的郝珊丽已渐渐懂得，困境就像弹簧，你越弱它越强！人生如是，学习亦是如此。

到初二时，郝珊丽的成绩排名已位于全班中上，这是一个显然的进步，却还不是她理想中的结果。在谨慎掂量自己当前的状态后，她为下一次期末考试的成绩立下了一项突破性的目标与承诺：一定要考进班级前 10——若是没做到就把手指割破，印血指到奖状之上。

她为此付出了足够的苦功，最终考到的名次也确实不错：第 12 名！这无疑又是一次莫大的进步，这次成绩的突破让全家人都为之欣喜不已。

然而，面对一家人的赞誉表扬，郝珊丽却感受不到一丝喜悦！只因为对目标而言，只有完成与未完成——两名之差，却是天地之分。

她轻轻地关起房门，紧握着手中的小刀，郝珊丽的掌心已经冒汗，她并不后悔当初把目标预设的过高，她也很清楚这是自己所能呈现的最好状态！只是现在，她必须履行这份自我承诺。

14 岁的小姑娘，久久凝视着眼前奖状上那虽已模糊但依然可辨的脚印，一幕幕不堪回首的过往在脑海中一一闪过，无声的泪水再一次打湿了眼眶——就在这一瞬间，锋利的刀刃已在不觉间划过食指，殷红的鲜血瞬间溢出，不再迟疑的她左手奋力一扬，就像盖章一样将带血的食指使劲覆在了那只脚印之上。

当一个人对自己的要求越严格，社会对你就越是宽容，反之亦然。

这一刻，是郝珊丽性格磨砺中极为重要的一次拐点——正是这个看上去几近疯狂的举动，赋予并铸就了她有如钢铁般的坚韧意志！这让她今后不仅再没有惧怕过任何困难，更在隐隐之间悟到了人生何为担当，何为无悔，又何为知耻者方能言勇……

正如曾国藩的那句名言：身先足以率人，律己足以服人。

此后，郝珊丽开始逐年被同学们评选为班级干部，并于大学期间主持了逾百人规模的主题辩论赛：《人性本私 VS 人性本善》。尽管，在这样大场合上公开演讲的她依然不免紧张——但，当初那个逆来顺受、胆小怯懦的小身影已然永远地一去不返了……

小节回顾 ‖ 笔者总结

1. 起点重要，但不是胜负的决定性因素。

每个人受出身、环境等因素的限制，不可能在起跑线上都能取得领先，一时的失意不用急躁，更不必妄自菲薄。

2. 如果你开始立志，就要先准备好迎接后面更大的坎。

人立有多大的志业，就会经受多大的考验！因此，曲折是必然的，心理准备越充足，迎来曙光的可能性也就越大。

3. 成年人公众承诺，小朋友暗下决心。

对于认定好的方向和目标，无论你是做出公众承诺，还是对自己暗下决心——重点是下定决心并设置明确的奖罚！对自己的要求狠一点，越早越好。

第 2 章　以始定终｜入江湖：疾风劲草知千里

明事理：此生难报父母恩

事无尽事，人无完人。

但，从古至今，有一样事物却是堪称例外的完美——那就是所有用爱去做出的每一件事！换言之，真正完美的并非事，而是爱。

郝珊丽身上的刻苦、果敢以及节俭守正的价值三观，也正是受益于父母亲身力行下的不断熏陶。童年时期，之所以她能在性格内向又屡遭校园欺凌的折磨中没有自暴自弃，反而在巨大的困境中愈挫愈勇，直至一步步地战胜恐惧并超越自我——这种力量的来源正因为爱——整个家庭对她的关爱。

郝珊丽还记得，家境的改善是从她读到高一，父亲从司机改行成为一家私煤老板的助理开始的。从那时起，在正常情况下，一家人都不再像以前那样为日常的花销用度而发愁。

但，这也仅是在正常的情况下——不正常时又是另一番全然不同的景象了：背运来时，甚至还不如司机。

有一段时期，矿场出了责任事故后，老板跑路了，作为助理的郝双林也受到牵连。一时间各路讨债的、讨说法的经常是堵门“问罪”，每每折腾到鸡飞狗跳，一家人还因此搬过几次家，但还是有债主不断找上门来。

有一次，母亲带她上街，郝珊丽惊异地发现：正在买东西的母亲竟然为了省 5 角钱，蹲在地上跟一个小贩来回讨价还价——站立一旁目睹此景的小珊丽当时甚至都想找个地缝钻进去，她从未想到平素端庄慈祥的母亲，竟然能为争那几角钱那样的低声下气？但当砍价成功的母亲转身欢喜地把她拉到小卖部，用这 5 角钱给她买了一包方便面——这个她一直最喜欢的零食那一刻，她终于知道母亲为何而砍价，也明白自己误会了妈妈。此时，所有与母亲有关的沉淀记忆都一一被唤醒，而那包方便面，郝珊丽更是在晚自习的教室里一边流泪一边吃完的……正是在这一瞬间，她领悟到双亲为支撑、维护这个家而承受的艰辛，远不是她在学校里那些不公所能企及的，她感觉到“纵然一生供养，也难以报父母大恩于万一！”

也正因为如此，在家境变好后的郝珊丽从未乱花过一次钱，她认为那些钱并不是属于自己的——在徐州就读大学的四年里，除了必要的固定开支，她没有向家里主动要过一分钱，在住校时的衣着和餐标四年不改，也从不在校外加餐——甚至于，有一次，郝双林去学校看望女儿，在一起逛商场的时候，父亲很想给她买一台最新款的数码照相机——这个她心仪许久的照相机。尽管，在当时数码相机是很贵还很新潮的一项高科技，完全可以在同学们面前显摆一把，但懂事的郝珊丽硬是拉住父亲的衣袖快速离开了商场。

心中知恩才有感恩，感受到恩才能报恩。

而一个时常知恩报恩的人，其念纯正，和气如风：念正，则不为物欲所迷；气和，则不被贪念所染。

出茅庐：一心一意嫁行动

心之所系，身之所往。

一个不知道自己未来在哪儿的年轻人，也不可能让自己真正地过好当下。

早在徐州就读大学之时，郝珊丽就已经决定了今后将要去往的城市和公司：上海、上海行动教育科技股份有限公司。这对一个曾经内向柔弱的女生来说，做出这个重要抉择，无疑需要莫大的信心和勇气。

说到让她下定如此的坚定信念，就必须要提到一个人，一个最早引领她走入教育行业的人，一个在她生命中除父母外占有终身地位的人：任福贵——她后来的丈夫。

她与他同届不同班，相识于大一，相恋于大三，不是青梅竹马，却是一见投缘，不是两小无猜，但却志同道合——总之，两个人是那么自然地就走到了一起。

任福贵在大学的实习时间比较早，从大三下半学期就开始在校外联系单位应聘，并最终入职行动成功（上海行动教育科技股份有限公司前身，以下统称）当时设在徐州的分公司。凭借过人的才智与勤奋，等到郝珊丽大学将要毕业时，任福贵居然已是分公司里一名忙着招兵买马的见习总监！尤其让她大感意外的是，就在他们不常见面的这一年间，任福贵的气质和谈吐比之在学校中少了几分生涩，却平添了许多男人的干练、成熟和自信。郝珊丽隐隐地感觉到，这家公司的文化正是自己一直以来所寻找的工作平台！特别是当她亲自去到任福贵所在的公司里参观，看到了士气高昂的晨夕会和热情洋溢的读书会后，这个叫作行动才有成功的公司已经彻底“俘虏”了她的心。

本来，郝珊丽想留在徐州和他工作在一起，但深深懂她的任福贵却力主她去上海的总部应聘：那里才是课程导师和销售高手们的云集之地，对人的成长来说是最快的。在一番深谈之后，郝珊丽意识到男友的建议对她和他们的将来，都是极具前瞻性和建设性的！——尽管心中对于即将到来的别离很是不舍，父母更是舍不得女儿去那么远的地方——但，已经懂事明理的郝珊丽最终毅然决然地在刚一毕业，就一人一箱踏上了未来梦想的施展之地：上海。

于是，就有了本篇第一章开头的那一幕。

天高任鸟飞，海阔凭鱼跃，尽管此刻连晚上住哪都还没有确定，但眼前的一切已将她深深吸引：人流、车流，往来川流不息；高楼、寰宇，彼此巍然屹立。这座城市的一草一树看上去都是那么的生机勃勃，令郝珊丽心中不禁涌起一股无限的活力豪情：上海，我来了……

经过了两天漫长的等待，郝珊丽终于兴奋地等到了周六：她已打听到行动成功这一天将在上海万体馆举行招聘会。于是，带上事先备好的唯一一份简历大步迈向万体馆坚硬厚实的石阶。无视往来穿梭求职的人头，郝珊丽双眼像寻找猎物似的逐一搜寻展台两边的公司名称。终于，“上海行动成功企业管理有限公司”这一行已然印刻在脑海中的大字映入她的眼帘！她毫不迟疑地上前把简历投了上去，在离去之前，她还不忘叮嘱招聘的工作人员一定要给她打电话。

每一刻的用心准备，都能汇聚成下一刻的勇气；而每一刻的勇气，又都巩固了未来的从容自信。

2009 年 9 月，上海龙华 2577 创意大院，包括郝珊丽在内的 30 多个面试候选人分坐于公司的会议室中，在闯过一轮轮人力初试、总监复试的筛选后，郝珊丽终于来到了上海公司的老板施淇丰的办公室。此时她的内心很复杂：一方面兴奋、渴望；另一方面，心里又特别的紧张——于是，就有了下面的这样一番对话：

“今天就先到这里，你回去等候通知。”施淇丰结束了面试，准备让助理叫下一个人进来。

“谢谢施总，请问我有没有被录用？”郝珊丽的脸上写满了期待和忐忑。

“这个你等我们通知，录用了人事会告诉你的。”

“可是我真的很想知道自己有没有被录用。”

“如果你没有被录用，你打算怎么办呢？”

“请一定录用我！就算今天公司没录用我，我也要再来的！因为我认定了公司，就只投了您手中这一份简历！”郝珊丽硬起头皮迎上施淇丰的目光，尽管手心已尽是汗水。

大概是这一番“攻坚表白”起了作用，在30余人的名单中最后录用了6人，她正是其中之一。

初到岗：江湖问路不问心

2009年7月13日，这一天，郝珊丽终于如愿“嫁到”了向往已久的行动成功，成为上海“皇家军团”近百名销售大军中的一员。

她当然没有想到，仅仅在5年之后自己便会成为执掌整个上海公司的总经理——彼时的她，正在为如何能快速出第一单和转正而奋战煎熬着。

每一条道路、每一件事情，唯有当你坚守到最后迎来曙光的那一刻，才能体会到这种夜半上山而清晨登顶所带来的巨大喜悦和收获！而在此之前，你需要不知疲倦地为梦想的种子浇灌汗水、泪水甚至是血水。

郝珊丽曾有这样一个感悟：若论聪明，这世界上不知有多少人的智商高于我们；若论情商，这世界也有太多的人比我们会来事——既然如此，那我们凭什么胜出？又何以笑到最后？

百战成功，皆因百折不挠！

尤其是，在屡经挫折没有一点进展的情况下，许多人很可能就要质疑自己选择的道路是否走得通？即使能走通，距离曙光的出现还要坚持多久？

此时的郝珊丽，正身处于屡败屡战却又屡战屡败的“水深火热”之中，在已经拨出去的3000多通陌生人的电话中，没有一个客户给过她希望甚至是笑脸！“烦不烦？”“神经病”“骗子”之类的回应已是家常便饭——因为非常珍视这次的入职机会，郝珊丽一直让自己处在海绵吸水的工作状态，每天坚持打200通以上的电话——左耳与话筒磨到发烫就再换另一只耳朵，晚上培训完接着加班找名单，第二天早上再继续打——经常是早餐买的包子还没吃就已经投入到工作中，结果等她打到感觉到饿了才发现已快到中午，而放在一边的包子早已凉凉！

经历了一连串的挫败，郝珊丽开始找到了一点销售的感觉，但留给她的时间已不多。

即便她每个周末都是以在公司加班的方式度过，但在入职已长达三周的时间里，依然未能取得任何突破。这期间，她还曾尝试过去广告店买名片、扫楼、陌拜等方式，但都收效甚微。

眼看3个月的实习考核期已经过半，而与她同期入职的另外5人中有人已经先出单，也有人受不了压力被迫离职——而无论出单的人还是离职的人，留给她的都只是与日俱增的压迫感。

社会不与弱者为伍，职场也从不相信眼泪。

初到江湖的郝珊丽现在还不是强者，但也不愿像个弱者一样灰溜溜地淘汰离开！——“极度渴望成功，愿付非凡代价”是她这一时刻最真切的内心写照。

她意识到自己当前处境的危险和紧急，必须要用最快的速度打破僵局来证明自己。

论努力她是已经够了——可是，破局的门路到底在哪呢？

背水战：一日尝遍人间情

尽管人们会为你每一次的努力鼓掌，但这并不妨碍人们只为有结果的人颁奖。

背水一战的郝珊丽决定听从总监的建议：不再去打陌生电话，而是和目标客户直接短兵相搏——也就是去同行开课的现场去找客户，这无疑是最直接，却也是最“危险”的一种销售方式。因为，这意味着是到别人的地盘上“虎口夺食”，很可能会面临同行的当面驱赶。

当她提出这个倡议时，新老伙伴中没有一个伙伴愿意与她同去，老伙伴不需，新伙伴不敢。

于是，周六一大早，郝珊丽带上几十张空白名片（转正后才印本人名片）和一个资料包，独自一人来到了几十公里以外的一家同行会场。好不容易等到了下课，望着来来回回从身边进进出出的学员，向来脸皮就薄的她却怎么也开不了口，事前模拟了无数遍的搭讪话术有好几回都提到了嗓子眼，最后还是硬生生地咽了回去，小脸却已憋得通红——她就像是一只骨骼和牙齿都还没有长成的小狮子，面对近在咫尺的“猎物”怎么也张不开嘴！就这样，第一节课后的休息时间匆匆结束。

整整一个上午，郝珊丽的名片收集没有任何进展！即使她已鼓足勇气，得到的也只有同行的警惕和客户的冷脸，有好几次，她都眼巴巴地看着客户虽然勉强接过了她的资料，却还没走两步就又随手丢弃。

那一刻，几近心碎的郝珊丽欲哭无泪，虽然她不曾想过退缩，虽然她一直在给自己加油，虽然她始终都没忘记今天来此的目标，但此刻太阳开始渐渐西斜，整整三节课已经结束了，但她依然一无所获。

倔强的郝珊丽现在只剩下了一身的疲惫，以及一颗不肯死心的心。

人生有如所有的影视剧，在未到终点之前定然免不了支离破碎的剧情。但是，在方向和方法正确的前提下，你必须咬紧牙关挺身向前——坚持、再坚持，直到上天被你感动相助出手的那一刻。

深深地吸了一口气，重新调整好状态的郝珊丽默默走上前，躬身捡起地上那些已被踩过的资料，就在她用衣袖奋力擦掉上面脚印痕迹的一瞬间，她豁然又想起多年前那张同样也被人踩过的奖状——也正是那只脚印才让她有了后来的成绩和性格上的双重突破……熟悉的一幕幕如今又映在眼前，郝珊丽顿时觉得能量满满，周身的疲惫感一扫而空。

守护者，是行动教育对能时刻守护公司价值观的员工所赋予的褒称。

事实上，每个企业家都毫不例外地希望自己的员工能够在逆境前百折不挠，他们更希望麾下的员工能成为捍卫公司的守护者：他人可以不尊重我们，但我们必须尊重自己的工作，珍视公司的尊严。

郝珊丽此时还不知道，就在她弯腰捡起并擦拭传单的那一刻，上天已经出手为她此行带来了意料之外的收获和惊喜！

在酒店大堂内外不过百余平米的空间下，郝珊丽这一整天的不懈努力已经让不少客户对这个身影印象深刻，而当看到她一遍遍弯腰捡起资料，并擦拭资料，起身却又微笑面对客户的神情，更让一些客户为之动容。他们不禁在想：自己公司的销售员，又有多少能达到像她一样的心态和敬业精神？终于，有两个企业家姐姐开始主动招手让她过去，并在交谈中顺利交换了首张名片——这两人后来都成为郝珊丽立足行动成功的第一批客户——在拿到名片的那一刻，掩不住喜悦与激动之情的郝珊丽还向客户深鞠了一躬。

好的开局总是成功的一半——尽管这个开局来得稍迟，却给她疲惫的内心注入了无尽的活力和信心，也为她带来了更多的好运：在郝珊丽决定晚上继续的时候，有几位企业家结伴吃完晚饭回来，在已经上楼的瞬间，其中一个转身正好看到了她——这是她下午刚认识的另一个新客户。只见这位企业家立马招呼那几个朋友停下来，又招呼郝珊丽上去："这个小姑娘从早上一直到现在没停过，咱们的员工要都有这样的精神，业绩那不得翻几番？把你们的联系方式也给她留一个吧。"一番话把郝珊丽感动得稀里哗啦。

"累并快乐着"——这是郝珊丽在酒店一天下来后的切身感受，对于陌生销售的体会以及生活的感悟好像忽然间又更深了一层。

小节回顾 ‖ 笔者总结

1. 恩是恩，责亦是恩，父母生下来就是天大的恩。

天下父母没有一个不是希望子女好的，使我们来到这个世界，就已经是天大的恩情！人生天地之间，无论如何，我们都应永远敬爱我们的父母家人。

2. 努力很重要，选择更重要，努力地做好选择最重要。

贪，永远是人性中最毁人的丑陋一面。弱水三千，只取一瓢而饮。唯有去贪，才能抵住诱惑；唯有戒贪，才能保持专注；唯有不贪，才能做出最符合长远利益的选择。

3. 该到破釜沉舟之时，应有背水一战的勇气。

我们认定的是方向和平台，改变的是方法和策略！所谓不在一棵树上吊死，往往指的并不是方向，而是路径——通过调整路径来更好地到达方向，从而实现目标。

第 3 章　笃行致远｜三连升：乱云飞渡愈从容

俯卧撑：舍命担责赢尊敬

人无信不立，业无信则不兴，国无信不强。

人行一世，“信”字之重要由此可见一斑！但，在“信”之前，还应当先有一个“诺”字：人违诺固不可信，然无诺更不能信。一个人若是不愿、不敢做出承诺，又何来守信、重信？

倘若在关键之际愿慨然允诺，临危难之间敢一诺笃行，其重又何止千斤！

曾有人这样问郝珊丽：“衡量一个人能否取得成功，或者看他今后的成就大小，假如抛开其他所有因素只看一条，那最应该保留的第一要素是什么？”

“两个字就是‘担当’，三个字就是‘责任感’，舍此别无其他！”

——这就是郝珊丽对这个问题给出的解答，铿锵有力而没有丝毫犹豫！事实上，这也是古今无数成功人士，尤其是那些白手起家最终逆转命运者的共同声音。

从一个人独自把一只笨重的大皮箱，也是她当时的全部家当硬是连拉带拽地从 1 楼拖进 6 楼出租屋的那一刻起，郝珊丽就对“担当”二字有了更进一步的认识：在未来的日子里，自己要能扛得起，也必须扛得起比这个皮箱重十倍甚至百倍的责任。

在不间断的刻苦、钻研和求索下，郝珊丽逐渐找到并总结出一套适合自己的出单方法，此后的销售之途也开始渐入佳境，每个月初定 20 万的目标月底时就能完成 20 万，定 30 万就能完成 30 万……从入职第 4 个月到升任总监前的这一年多里，她成为公司每个月度、季度和年度领奖台固定上榜的一颗“新星”，所获得的“罗文奖”次数是全公司之最，以至于同事们送她一个绰号：“郝罗文”。

每个人的成长之路都犹如破茧成蝶，在突破自我时的痛苦过程定然撕心裂肺，但只有蜕变之后的世界才是一片新的海阔天空。

2010 年 10 月，郝珊丽通过总监竞选，开始正式组建自己的团队——岁末将至，各个销售部门的业绩压力本就很大——尤其像她这样的新团队，排名自然是垫底的。在公司下达当年最后一个月份的团队绩效指标后，施淇丰分别找到排名倒数的那几个团队一一进行单独谈话。“有能耐就上去当总监，没能耐就下来做伙伴”这是施淇丰向来对总监们“亮剑”式的管理风格。轮到郝珊丽时，施淇丰转头问她：“这个月你们部门的业绩如果还不达标，你怎么说？”此时此刻，这个犀利而直接的问题对她实是棘手，心里有底吗？没有；能说完不成就自动下台吗？不能——会议室里安静地连一根针掉下来也能听到，不容多想的郝珊丽果断站起来：“这个月团队目标一定完成！如果不能，我当众做 200 个俯卧撑！”

在这个承诺做出之前，郝珊丽并非不知道 200 个俯卧撑对她而言的难度——她曾经亲眼看到另一个男总监在做到 100 个俯卧撑时便已精疲力竭——在此之前，她既没有过管理的经验，也没有做俯卧撑的经验，她唯一清楚的就是做了管理就没有退路，她也不允许自己后退。就像当年在同行会场向客户要名片时的决绝，她发誓愿意用命去守护每一份信任！强烈的责任感和永不服输的信念让她必须要逼自己一把，也希望能以此去逼团队一把——激发团队的潜能，为实现共同的目标而齐心奋战。

人生如海，有波澜不惊，有跌宕起伏，海深故能广，心宽故能受。

应该说，郝珊丽为捍卫团队目标和集体荣誉所做的决心是有成效的——那个月，她们的业绩确实有了较大幅度的突破——只是，距离承诺的目标还是差了一截。

于是，就在新年首个工作日的月度表彰大会上，郝珊丽开始了 200 个俯卧撑的承诺兑现——也就是这一次，她确认了自己当时体能的上限：30 个俯卧撑做下来，已然精疲力尽。枯竭的体能让她想要继续却有心无力，瘦弱的双臂也再无法承重整个身躯的负荷。

此时，其他员工的承诺均已完成，冰冷的水泥地板上只剩一个疲惫的身体仍在勉力坚持着！周身火辣辣的疼痛一次次地向她发出警报——但是，停下来是不可能的！那要怎么办呢？郝珊丽想到一个办法：双腿先屈膝跪伏于地，再用两只胳膊把身体托起，然后双脚努力伸直、手臂向两旁一甩、身体猛然间朝下一摔——这样就可以做完一个俯卧撑。于是，诺大的办公大厅里每隔数秒就频频传来骨头与地板砰砰撞击的声音——一旁的伙伴吓坏了，其他部门的员工也围了过来，有人劝她下次再做，有人劝她歇一会，还有人给她倒水甚至是拿了垫子过来……但倔强的郝珊丽用上气不接下气的喘息一一回绝了大家的好意，就这样，在众目睽睽之下硬是"摔完"了剩余的 170 个俯卧撑。

唯有绝对的自律才能拥有相对的自由，而绝对的担当才能赢得相对的尊敬。

那次俯卧撑，给郝珊丽的身心体会比之前任何一次经历都更为深刻久远：此后几天，郝珊丽的身体几乎瘫掉：吃饭时，双臂的浮肿让她抬不起胳膊，就用勺子把饭舀好然后嘴巴伸过去喂；打电话，拿不起来就把话筒放在桌上，再把耳朵凑过去接听；开晨会，背诵宣言时，她就让右边的伙伴用左手托住她的右臂；大夏天，一件很薄的衣服也要脱半个小时……

也同样是在那一刻，郝珊丽开始领悟了作为管理者肩上承载的责任：员工在职场上表现的一切优劣，都是管理者水平优劣的直接体现！想要打造一支"胜则举杯同庆，败则拼死相救"的无敌铁军，领导人还必须具备能让众人敬服的责任担当与人格魅力。

擦皮鞋：大风起兮云飞扬

大风来时，通常有两种路人：一种人风雪兼程，疾风方知劲草；另一种人望风即遁，转舵而复跟风。

郝珊丽无疑属于前一种。

23 岁进入行动成功、45 天后转正、半年后获得冠军、一年多后升任总监之列——这样的成长速度，不可谓不迅猛。

但，一场场更迅猛的考验也犹如倾泻而降的狂风暴雨，也正在她前行的路上严阵以待。

2011 年 9 月，郝珊丽临危授命接手中途换将的老团队：太阳队——这是她此前的老团队，也是曾经的冠军之师。就这样，她忍痛将带领了已近一年的团队伙伴分给其他部门，自己则重新开始了第二任的总监生涯。

在一个崇尚强者文化的国度里，没有人会喜欢平庸之流；在一支推崇英雄精神的团队里，也没有人欣赏唯唯诺诺。

自然界如此，商海如此，职场亦是如此。

郝珊丽回归后的第一个挑战就是：重新唤醒团队的战斗活力，再度点燃对重拾往昔荣光的力量与信心。

那一年，整个上海公司的业绩比较疲软，在全集团公司排名中很不理想：深圳、广州、昆明、北京等分公司的战报均甩开上海较大一段距离；而在总监一级的全国排名中，上海公司除太阳队排在集团的第 10 名，其他部门都远在 10 名开外——这意味着上海公司今年有可能在集团年会上拿不到任何奖项。面对被无数双眼睛寄予的厚望，郝珊丽深情地激励团队："从今天开始，我们每个人代表的既不是自己，也不是太阳队，而是为整个上海公司的荣誉而战！太阳队今年一定要冲进集团前三，因为只有位列集团前三的获奖团队才有资格让所在公司的员工一起登上领奖台共同露脸……"

就这样，郝珊丽开始重新设定、分解团队每个人的目标和计划，并带着团队一同做出更高规格的宣誓和挑战。她本人的承诺则是："如果达成目标，我把年终所有的奖金拿出来奖励给大家；达不成，我就去给全公司的人擦皮鞋！"那段时间，随着年终时间的步步紧逼而业绩却没有明显起色，郝珊丽身心的压力和焦虑感几乎达到临界值：经常性的失眠、掉头发，在睡梦中好几次因为业绩而惊醒！尽管施淇丰并没有给她下达太阳队必须打进集团前三的指令，很多人也劝她不要给自己那么大的压力，但她就是觉得既然公司调她回来重扛这面大旗，这就是她的使命——即使上天让她再重来一回，这仍然是她所能做出的最好选择。

但恨此身不能为，愿以一死报国恩。

在郝珊丽心中，施淇丰待她有如贵人良师般的知遇之恩——从录用阶段的鼓励、培训时期的关注再到成长中的每一次提携指点。尤为可贵的是，在她尚没有看清自己的潜能时，施总似乎就已经慧眼识珠！士为知己者死，兵为知己者战——从童年一路到今天的特殊际遇，造就了郝珊丽那镶刻于骨髓中的坚韧和忠诚。

苍海横流，方显英雄本色；惊涛拍岸，才现中流砥柱。

那一次，她们一直冲刺到了 2012 年 1 月 1 日的凌晨零点，太阳队年度最终业绩位列上海第 1、集团第 4。犹如当年的期末考试，上天似乎和这支团队也开了个悲伤的玩笑——在获悉结果的那一刻，无声的泪水再一次滑落她的脸颊。

她并没有去向任何人倾诉过，这一年，她们已尽力。

“我们不会在任何成功的时候说功劳，因为每一个人都有功劳；我们也不在任何失败的时候说辛苦，因为每一个人都很辛苦。”尽管，此时的太阳队已经是上海公司小伙伴们的榜样和骄傲。

有一种胜利，叫做此心无悔；有一种失败，叫做虽败犹荣；还有一种担当，叫做没有借口。

于是，就在元旦开工后的第二天，从早晨 7 点公司刚一开门就看见一个身影早已蹲在门口：左手鞋油、右手鞋擦，一旁地上放着的，还有一条崭新洁白的抹布。

也正是那一次之后，郝珊丽被提名为上海公司的营销副总——尽管她以自己年龄最小、司龄最短、当总监的资历也最浅为由表示拒绝，但公司依然全票通过了对她的任命。

逆行路：向来勇者征四方

德国大哲学家黑格尔曾说：一个民族必须要有一群仰望星空的人，他们才有希望。

在郝珊丽看来：一个民族若想持续拥有一群仰望星空的人，唯有教育才能实现；而一直在守护教育事业的那些人，本身就是一群正在仰望星空的人。

也因此，郝珊丽从心底里尊敬每一位老师，珍惜每一次学习——早在她刚入职时，在入职资料里有一栏：“出单了你最希望得到的奖励是什么？”她毫不犹豫地写上：“希望不错过公司每一次的学习机会”。

在她升任营销副总后的当年，公司和集团一起乔迁至中山万博国际中心，并为她配备了一间单独的办公室，但郝珊丽却执意坐在大厅办公——这样她就能和伙伴们随时并肩作战，她那间办公室反而变成了各部门公用的会议室。

在职场中，许多人都奉行着这样一个准则，即“没事不找事，遇事不怕事”。

但这个说来正确的准则无论是对在学校时期的乂或者职场上的郝珊丽，似乎都不那么适用。童年的她虽然“没事不会找事”，但“遇事却也怕事”；进入职场后的她，“没事时不仅要为自己找事”，遇到事不仅不怕还会“更加的兴奋”。

就在郝珊丽升任副总之后不久，公司每年的开年之初都会举行一场大型的论坛活动，而那一年的论坛举办地最终选定在了华东政法大学松江校区的多功能厅。本来，从策划筹备、场地确认、宣传招生等工作都已有条不紊地展开——截止论坛开始的前3天，已经招到2500多名来自各地的企业界学员，各授课导师的行程、学员住宿以及会务定岗等课前工作均已就绪，可谓“万事俱备、只待东风”——就等课程时间的到来。

但就是在这最后不到3天的时间里，出现了一个让所有人都始料不及的重大变故！

这天早上，校方办公室突然致电郝珊丽：言明本次合作已被取消，她们之前所找的对接人对该项合作没有决定权，且校方也已在后天将多功能厅另作它用。

这个短短2分钟不到的电话，对于郝珊丽以及上海公司而言相当于晴天霹雳！

短暂的愣神之后，郝珊丽预感到这场已达数千人众的浩大论坛连同自己一起，都正在面临着一场命运的通关考验——她刚做副总不久，从来没有经历过这样大的阵仗，无数双眼睛都在盯着她的作为——有些总监对升她做副总并不完全信服！这场意外的危机中没有谁能真正帮得到她，过往困境中的经验直觉也告诉她：必须要将此事圆满、无误地解决，不可以出一点差错！因为此时再去重找其他场地替换显然是不可能的，以打官司来要挟校方就范那更是不现实的。现在最要紧也是唯一的办法，就是尽一切可能去说服校方，重新变回之前的决定。

这，能行吗？

此刻，施淇丰正出差外地，能代表上海公司和校方沟通的只有她一人，她也不打算在这个时候向施总汇报——在和会务总监一同打车去往学校的路上，郝珊丽心里无比的焦急紧张，却又有一股异常的兴奋——这本来矛盾的两种心情此时正集于一身，是因为郝珊丽知道“自己摊上大事了！”——许多人不服她，并不是她没有能力、没有本事，而在于她的年龄太小、经历又太少！换言之，许多人并没有看到她的能力和本事——没经过大阵仗的洗礼，怎么能有大突破和大成长？没有大成长，又怎么能成为强者？自己都不够强，怎么能怪他人不服气……她心中已经做好了准备：到学校在和校方沟通之后，如果对方还是不同意，哪怕是给校长下跪，也要让他同意对这个会议室的如期使用。

这的确是一场大仗，却也是一场苦仗。

到达学校后，和想象中一样，校长不在，几经周折找到了一位办公室主任，任凭如何沟通，对方就是不松口。没有退路的郝珊丽已然铁了心，从上午一直到中午就是不走，俩人就像站岗的门神一样齐齐站于门外等待校长回来，中途不曾喝过一口水，三月的暖阳硬是晒出一身大汗……终于，被感动到的主任于心不忍地叫她们重新进去并拔通了校长的电话。随后，又让她去另一间办公室里找另一位老师——至此，一场一触即发的危机算是化险为夷了。

当论坛圆满结束以后，郝珊丽站在学校的操场上向施总电话汇报了本次活动的各项成果和过程，对于前几天发生的会场意外则只是顺带提了一下——但久经沙场的施淇丰一下就听出了要害，随即问她："辛苦了！但是出了这么大的问题怎么不及早汇报呢？"——对此，郝珊丽只是轻轻汇报了以下两句话：

"您身在外地出差，这边刚有意外还没尝试解决就汇报，除了给您多添一份焦急，还会有什么呢？"

"您把这么大的活动放心地交给了我负责，那遇到了问题不是也同样该由我负责去解决它吗？"

师者心：得道多助展鲲鹏

古语曾云：士别三日，当刮目相看。

从 2009 年 7 月入职一线伙伴、2010 年 11 月当选团队总监、2012 年 3 月任命营销副总，再到 2013 年 10 月晋升公司总经理——历时 4 年零 3 个月，郝珊丽用破茧成蝶般的 3 次蜕变完成了职场角色的华丽转身。

知耻后勇、凤凰涅槃、先死后生，而终有今日之脱胎换骨。

知耻而后勇，知不足而奋进，方是强者所为。

环顾郝珊丽业已走过的 34 个岁月春秋，可以说从小学到中学这整整 9 年间，她几乎都是在懦弱、胆怯以及自卑中长大的！但她从没有受那些所谓 "三岁看小、七岁看老"之类的论调所影响，反而像弹簧般倔强地在无尽的逆境中越挫越勇！痛定思痛地勇敢反省自己的过往、当下，并坚定地相信未来：从印血誓、俯卧撑、擦皮鞋……过往那一桩桩、一件件的伤害和不幸非但没有压垮她原本弱小的身心，却像肥料一样一次次激发、觉醒了她的灵魂，成为她内心愈发强大的力量源泉！

可以负责任地讲，任何身处低谷之中的人，都必须先救赎自己的灵魂，继而才能迎来真正的转机。

高与低，本无定势之别；得与失，亦无好坏之分；成与败，却有规律可循。

10 年前，当第一次以销售伙伴的身份站上公司冠军领奖台的那一刻起，郝珊丽就暗自确定了自己这一生的使命与方向：永远走在成就他人的道路上！

真君子者，心有成人之美，念有爱人之德，行有扬人之善。

郝珊丽以利他人的大愿力、十年一剑的意志力以及求知若渴的学习力，化昨日的伤痛挫折为今天的坚毅乐观，并用自己一路成长的所得所感去支持每一个团队的伙伴，进而让他们用出色的业绩和管理回馈给公司，再以物超所值的贴心服务回馈给广大客户……

学者捧万卷书，达者行万里路，师者为人指路。

截止当前，郝珊丽已为在全国 500 多家客户的数万名员工做过专场的入企内训和公益分享，实现了幼年时曾许下的要做一名受人尊敬的老师的心愿。

2013 ~ 2020 的 8 年间；郝珊丽以其独特的领导艺术和人格魅力赢得了上海公司所有伙伴的上下归心，由此奇迹般地连续 8 年率领“皇家军团”卫冕集团全国第一的桂冠！并在 2018、2019、2020 三次以超过第二、三、四名分公司业绩总和的骄人战绩，破纪录地实现上海业绩过亿的超额目标！而作为行动教育集团名副其实的金牌总经理和首批高级讲师，她在“八连冠”的辉煌中所浇注的心血和艰辛，是远非几页篇幅、几行文字所能表述的。

今天，刚过 34 周岁的郝珊丽正以一生最黄金的青春年华，一步一个脚印地行走在成就他人的道路上——这是她一生认准的使命，也是她毕生骄傲的荣幸。

小节回顾 ‖ 笔者总结

1. 担当责任，是每一个人心智成熟的必备标志。

有时候结果不好，并不一定都是你的责任，至少不是你的主要责任。但，只要你是团队的一份子，就应该率先承担起责任！别去害怕一时的得失；而如果你是团队的领导者，那么建议你主动挑起一切的责任，包括你和你下属的所有责任。

2. 永远不要辜负信任，哪怕一次。

不辜负每一份信任，并不意味着每一件事情你都必须做得完美——人无完人，而其中的关键在于：要用你生命的全部能力和智慧，去做到最好的结果——不是全力以赴，而是全命以赴。

3. 吃水不忘挖井人，吃水后也要做挖井人：最好的感恩就是传递感恩。

如果你在某个领域里取得了成功，至少有几类人你要感谢：给你施展机会的人、陪你一起完成任务的人、曾经给过你帮助的人——还有，你有能力去帮助那些需要你帮助的人。

第 4 章　对话职场｜智慧心：半生感悟尽分享

要么正在跟高手对话，要么正在成就他人

问：一个人若想以最短的时间在职场上获得成功，什么才是最重要的？

专注，这不是第一环，却是最为重要的一环，也是一个人身上极其可贵的一种品质。

因为心沉不下来，什么都不可能干好，一切事情连同自己整个人都是浮的、飘的。这边干了两天遇到点不如意，就想看看朋友那边的工作怎么样，这样的状态怎么可能干出好的结果？

（要怎样才能称得上“专注”二字呢？）

人在哪，心就在哪。其实就是一种认定了，再说白点就是选好以后，那你未来的 3 年或 5 年内绝不再变动工作，任谁也别想来干扰我和诱惑我。但达到这样的专注，还要有一个前提：那就是知道自己已经做好选择，因而选择要慎重，并非随便选一个就能心无旁骛。只有当你认准了这个行业、这个平台和这份工作，才能不受外界的影响。

很多时候，年轻人的能耐是被干扰没的。今天被这个朋友干扰一下，明天又被那个同学诱惑一下，能力和能量都被稀释掉了。所以我认为首先是选择，然后就要足够专注，第三点便是保持强大的学习力。无论你是通过书籍、同行业、跨行业，一定要让自己的能力快速得到补充，知道自己缺什么立刻就去补什么！

问：那在修练或者完善人格的过程中，据您所知都有哪些提升的途径呢？除读书之外。

其中一个重要途径就是要跟高手对话，去跟比你强的高手对话。

当然是越高的高手越好，就像学武功也是要拜实力最顶尖的师父。不过这个级别的高手也不是都能对得上话，比如你想向马云请教一些问题，对吧，一般没这个机会。但你要尽可能地想办法创造条件，去跟那些对你有益的、又在你平时圈子以外的顶尖高手对话。“听君一席话，胜读十年书”就是这个道理，因为对话的方向不是在专业领域，而是基于如何更好地提升与完善我们为人处世等方面的修练，因此不用担心听不懂。

还有一个就是靠自己去悟，能悟到多少跟每个人的悟性有关。通过发生在自己身上的，又或者在同事和朋友身上的很多事情，你要从这些平时的点滴中去不断思考、举一反三。比如说，今天某个朋友做出一件舍己为人的举动，那你就要思考：他为什么能有这样的义举？如果事情发生在自己身上，那我能不能做得到或者做得更好？对吧。很多人不但自己做不到，还会嘲笑别人傻。

一个被人尊敬、受人拥戴的人，必定也是一个身心正直、有格局等优良品质的人。而这些品格无一不是经过不断的磨砺才能具有的特质。如果你没有去跟这样的人对话，就只能靠自己一点点去悟。

问：您这个“跟高手对话”的成长见解，是在什么样的情况下得来的？

最早是李践老师分享给我的，老师本身就是我身边高手中的高手。有一次，我去向他汇报工作时，老师的分享其中有两句让我记忆犹深，其中一句就是跟高手对话，他说珊丽，当你职位越来越高的时候，你要让自己在跟高手对话的时长多于你工作的时间，因为跟高手对话，你会吸收到更高维度的认知和见识，这反而会让你现有的工作事半功倍。

第二句话就是，当你不在跟高手进行对话时，就要让自己永远活在成就他人的时刻。

（这是不是就正好意味着：对每一个时刻来说，你要么正在提升自己，要么就在成就他人？）

对，就是这样。

（那在平时的工作和生活中，怎样才算是做到了这句话呢？）

比如我今天和你在一起，我在分享你需要的、而我又恰好知道的知识和信息；明天我又和公司的一位扫地阿姨在一起，哪怕我只是陪她说上几句家常，逗逗她笑，让她觉得日子很温暖；再比如，我出门开车遇到行人，即使没有红绿灯也没有斑马线，但依然让他先过；下班回家坐地铁，能让座就让座，自己没座但有老人需要座，哪怕动员其中一个年轻人给老人让个坐。这些生活中的点滴小事，不都属于活在成就他人的时刻吗？

实际上，当你决定要让自己活在成就他人的时刻时，你本身的格局就已经在无形中得到了升华，以后的日子里，你也会减少因计较而带来的无谓烦恼，从而又增添了更多的充实感和快乐。这些体会可能平时的自己都没法去悟到，但当你跟高手对话时，他的能量场和大格局瞬间就会点醒你：对啊，我为什么不能像对方此时在成就我一样而去成就他人呢？

跨行等于清零，选定后就要断掉其他念想

问：您刚才提到了专注的前提是做对选择，这是最难的地方。假如一个不太了解外界，也不够了解自己（比如刚毕业的大学生），又该如何面对职业选择呢？

是的，无论是即将走向职场的大学生，还是陷入低谷中的年轻人，他们都处在迷茫的状态。他们并不知道自己的未来在哪，只有极少一部分的人才清楚自己的擅长、喜好与未来要走的路。

那这时候怎么办呢？

首先，选工作要先看准行业，随便将就只会浪费自己有限的青春，我们可以通过媒体资讯再结合自己的直觉从大的朝阳行业中进行甄选。如果一个行业本身正处于夕阳、转型或饱和阶段，那你从业之后大概率是几年又要转行，那不是白折腾了吗？用跨行业的光阴去换取和未来不相关的工作经验是

最不值得的。

然后，在这些朝阳行业中，选一个自己擅长或喜欢的头部公司——如果你自身条件也能匹配对方的话；如果不行，就退一步在该行业中选择较为有潜力的公司——这时就要靠你在面试前和面试中多看、多问、多了解。比如这家企业的规模增长、网评口碑、公司领导人的梦想，以及有无风投等等——某种程度上说，被风险投资的公司你可以优先选择，因为他们其实是用真金白银在为这家公司的将来做背书。

再然后，就是当你做出了决定就必须把心沉淀下来，断掉其他所有念想——未来的2~3年不管谁出高薪诱惑你，你都要不为所动，避免没干两年甚至是几个月又想重新选择——有时候，选择的次数多了对一个人的成长和发展绝对不是一件好事。尤其是多次跨行的跳槽——跨行就是清零，隔行等于隔山。

问：是不是也有一种人在跨行后依然能够成功，比如说职业经理人？

职业经理人的确已经取得了超越本行业之外的管理能力或者综合素质，并且他们在跳槽后不但不需要从零做起，还会有很多知名的公司抢着来挖。依你看这是为什么呢？（笑）

这些人之所以那么炽热抢手，这其实正缘于他们在过往平台上持之以恒的沉淀和深耕细作的成果换来的，不是吗？你看哪一个职业经理人，他的履历表上写的是每过一段时间就换一家公司才有今天的？又有哪一个轻言跳槽的年轻人，能够成长蜕变为职业经理人呢？

我们说量变到质变，并不是指横向的，而是深度纵向的；工匠精神在任何时代都不会过时，而拥有匠心精神的人，在任何时候都不担心没有自己想要的位置。

问：每一个行业都有处于“龙头、凤尾、鸡头、鸡尾”的企业，您前面有建议过年轻人在选定行业后，优先进入头部的大企业而不是小公司，这又是为什么？在大企业里晋升不是很慢吗？

这是因为对年轻人来说，成长比一时的成功更为重要。

你在管理正规的大企业所学到的东西，以及接受的训练都是专业的。并代表行业水平的，这些才是年轻人未来升职和升值的有力跳板。小公司本身就不够专业，你在里面学到的东西能专业吗？又能值多少钱呢？再者，假设你在里面当了总监，带着十几个人的团队，看起来你已经很厉害了，但其实你根本不知道带团队的核心精髓是什么？只要跟专业选手同台一比，很快你就会发现自己和对方的差距。在同样的时间里，大公司出来的优秀伙伴能被挖到小公司当总监，但小公司的总监来到大公司依然只能当伙伴，甚至不一定被录取——任何平台看中的都是你所掌握的本领和自身的价值，而不是你以前的那个位置。

问：您觉得今天的职场是应该“干一行爱一行”，还是“爱一行才干一行”？

干一行爱一行。

除了一直在修习某些专业的极少数人，比如：有的人从小就在学习音乐，长大后进入的领域自然也非音乐本行莫属。大部分人是连自己也不知道究竟爱哪行的，但是干着干着就爱上了（这一行）。

不过，一个人如能越早确立自己今生的从业方向，这无疑是越有利（于今后发展）的！因为，时间成本才是一个人最大的成本。

问：假如，在条件尚不成熟的情况下，是应该“勇敢坚持梦想”，还是应该“学会向现实妥协”？

那要先看这个人的梦想是什么，以及对这个梦想认准的坚定程度。

比方说：一个年轻人未来的梦想是当一个著名演员，而当下条件明显不具备。那他就要先问问自己：我是不是就认定了非当好演员不可？无论未来有多大的挑战都不后悔。如果回答是而当下的条件又不具备，那即使是为了生存去找工作，也应该尽可能去与能当好演员相关的行业里找。对吧，你不能心中有那个梦想，但做的事情却是和梦想八杆子打不着的工作——比如快递员——这和已经成为演员，为了演好某一个角色特地去体验快递员的工作是完全不一样的概念。

一个人理应抬头望天，也要脚踏实地——这两者其实并不矛盾。只要每一步都行走在一条线上，无论快慢、早晚，终有一天能将这条无形的长线联通起来，那时就是这个人不鸣则已、一鸣惊人的时刻。最怕的不是一个人没梦想，而是有了梦想之后还一个东、一个西，最后光阴蹉跎，自己把自己给废掉了。

文化和机制是决定员工言行的首要因素

问：如果一个员工业绩好但不遵守公司的价值观，另一个员工拥护公司的价值观但业绩差。您觉得该淘汰谁？

对某些管理者来说，业绩可能会比价值观更重要；但对公司而言，价值观和业绩其实是同等重要的。

这两类员工，如果在经过一段时间的培训和沟通后依然是现状不变，那我们都会淘汰。我们完全可以找到既遵守公司价值观、又能产出业绩的员工，为什么一定要在这两者之中选其一呢？

另外，在这个问题里还要注意一点：越是高业绩的人通常都越有个性，这时候人会很容易自我膨胀——而作为直接上司的管理者就要及时给予帮扶、引导和提醒，不能“一白遮百丑”只看到业绩而偏纵该员工的不当言行。因为员工对价值观的违反通常并不会一下就触及到公司的红线，而是在内心不断膨胀和骄纵的过程中才变得根深蒂固的。

真到那时候，公司固然要对该员工“壮士断腕”，但管理者本身也有失职和失察的责任，并且这也会影响到公司对于这名管理者管理能力的重新评估。

问：对于一些含着“金钥匙”出身、并不缺钱的“95 后”/“00 后”，管理者要怎样去调动和激发他们的工作干劲呢？

这个年龄段的人才并不是没有干劲，每个人既然愿意走入职场就一定有动力按扭。只是这些自带“金钥匙”的人，他们内动力的按钮并不是金钱与物质，而是成就感。试问谁不想证明自己存在的价值呢？

今天“95”和“00后”的员工所饱含的热情、朝气以及创造力都是惊人的，一旦被成功激发，他们也同样会干劲十足。

问：如果有些员工觉得自己业绩还过得去，也不触犯公司的价值观，但就是不愿学习。有什么办法？

这要先看这家公司的文化氛围。有些公司本身就不具备学习的环境，从老板到管理者再到员工都没有学习的意识，你跟员工说让他爱上学习，这不太可能！

假如是公司有学习氛围，但只是个别员工自己不爱学习，那就要用公司的机制倒推了。人的成功是被迫的，学习也是如此。比如在行动教育，你想不想学习都必须做到每周一本书，看不完就赞助，你说你学不学？而且别人都在学，就你一个人好意思说不学？

问：如果员工在奋斗过程中的痛苦，已经远超回报带来的快乐，就会出现一种被称为“佛系青年”的群体。您怎么看待这类现象？这类员工的开关按钮又在哪里？

这类员工并不是不想改变未来，而是奋斗的过程太过曲折从而丧失了当初的斗志。

这些人对自我有一定的认知、对社会的复杂也有一定的理解，但其当前的思想状态和年龄其实是不匹配的，他们只是掉入了一种误区。换言之，如果能让他们看到赢的希望和机会，我相信是没有人会愿意在20多岁、30多岁的年龄就让自己这么“佛系”下去的。

所以，关键在于能否影响他们的认知。一方面，他们需要用一段时间来自我“疗愈”创伤，包括用自我学习的方式来重新改变认知；另一方面，公司文化的熏陶以及管理者的悉心教导，还有他们身边人对他的影响力。不过，站在职场的角度来说，如果能够将其认知转变过来，那这类人依然会是一个好苗子；如果确实转变不过来，那管理者也不应把太多的时间和精力花在错误的人身上。

问：很多人才在干出成绩和取得好的结果后，就很容易出现骄傲自满，甚至得意忘形的心理。对这类问题，有什么好的解决办法吗？

我们一定不能让某一个员工长时间一枝独大，管理者要懂得悄悄树立第二，甚至是第三个榜样。这样最早达到第一名的员工就会有竞争感，人有危机才能保持动力。这是第一个维度。

第二个，就是要及时为他设立更高的目标感，因为有时候你扶持第二个标杆起来是需要时间和周期的。假如他现在是本团队第一，就要让他向全公司第一的目标看齐；如果他已经是公司第一，就应该让他向全行业的第一看齐。总之，要尽你所能地去激发他的潜力和斗志，绝不能让领先者满足于现状，这无论对他本人还是对于团队都是有风险的。

问：有些业绩优秀的老员工不愿花时间去帮扶新员工，也不舍得把自己的经验拿出来分享。怎么办？

这个问题的首要问题并不在人——还是应该从公司层面的机制和文化上着手。

首先，公司内部要设定师带徒机制，并通过正式的拜师仪式授予师徒名份和证书，还要在晋升管理层的机制中加上一条标准：所有人要想往上走，必须要经过带徒弟这一关，而且还要成功把徒弟带出师才算符合要求。假如你连对自己的徒弟都不肯拿出真功夫培养，或者培养不出来，谁敢相信你能带好一支团队？

另外，这一对师徒和另一对师徒之间也要设立相应的 PK 和奖励制度，即使某些老员工不想往上走，为了荣誉也会尽力去带好。要先在机制上把这些地方跟师父的付出相挂钩，不然没有人愿意做师父，做了师父也没人会尽全力去教授他人的。

第三个，就是要对师父本身的选拔标准要有一个评判，也就是说达到了什么样的条件才具备当师父的资格——并非所有有经验的老员工都可以做师父——我们也不寻求所有的老员工都有做师父的意愿，我们真正要的是新加入公司的员工能有业绩和品格都优秀的一批老员工去带他们。

最后，就是要有一套师带徒的手册、徒弟出师需掌握的技能要求，都有相应的评估标准。并不是师父在带徒弟的过程中想怎么带就怎么带——也就是说，对新员工的成长要进行阶段性的验收评估，最后，新员工是否能出师也要有最终的标准验收环节。做到了这些，才能真正保证我们最初想要的成果的达成。

得失与外界无关，只跟自己的选择有关

问：假如一个曾经陷入迷途的人想要改变命运，却又为过往的强大惯性而积重难返。这个时候，他很可能会产生一种有心无力感，从而在反复挣扎中放弃自己。对这种情况您有什么建议？

根源都在自己。

一个人真的想要改变，就得先调整、明确自己的目标，目标的背后是标准，这样他才可能知道到底想过什么样的生活？比如说一个人他过去每个月赚5000元，现在他想每个月赚3万元。OK，那3万元的收入需要有30万的业绩，那30万的业绩需要你以什么样的工作状态、工作投入、与客户接触的频次，进而倒推你行为上应该做出的改变。当你每天都在朝着目标去投入精力时，哪还会有闲心去想那些乱七八糟的事？

所以，当他对自己的标准没有提高，是不可能一下子改变过来的。什么是目标？目是方向，标是标准。从5千到3万的跨度是需要有强大的行动力做支撑的，而这个标准就会拉动你的行动力：你以前睡觉睡到8点，现在就只能睡到6点；你以前一天平均只见1家客户，倒推之后发现每天要见3家客户。一个人过往的状态源自他过往的目标，而新的目标也能为他带来新的状态。

有些东西是不得不舍的。就像此刻我手中拿着一串钥匙，这种时候我就

不能再用手机，哪有可能又抓着钥匙又去抓手机呢？每一份成功都是要以等量的代价去换取的，先舍掉一些，才可能得到另一些。

问：您是《百分百担当责任》课程的主讲师，在您看来，怎样才算是真正的百分百担当呢？

在目标和任务面前，有条件要上，没有条件创造条件也要上。

在职场中，有这样一条责任循环图，也是一个人的成长路线图：企业不断遇到问题——有人站出来解决问题——解决问题者获得能力提升、经验提升、自信提升、收入提升以及职位的提升——企业下次无论遇到问题还是机会都会想到你——你在公司的位置越来越核心。反之，也是一样。

身为团队中的一员，即使团队的失败表面上看没自己的责任也要主动往自己身上揽一点责任。因为无论你是任务的主导者还是辅助者，你都必须要让自己参与进来，到最后受益的还是你自己。因为在完成任务／解决问题的过程中，公司不会让你孤军奋战。公司要的是好的结果而不是坐视你的失败，而公司会调配你所需要的资源给你以支持。不经历阵仗的担当洗礼和锤炼，人永远不会有真正意义上的成长，成长都没有，你还能指望未来的成功吗？再者，如果你是领导，面对敢于为公司分担、能够和团队荣辱与共的员工，你会不欣赏吗？

问：要如何才能让一个爱计较的人认识到“吃亏是福”呢？

其实，职场上并没有吃亏这么一说，只是每个人（对事情）着眼的角度和长度不一样。

当你着眼于当下来看，那是吃了亏的；但当你把眼界拉长到未来时，才能发现其实是收获的。所以我们经常能看到一个人看似在当下吃了很大的亏，但过不久就会发现原来他享到了最大的福。

比如，我们此刻的对话，我愿意分享并不是因为在这一个下午我能从中得到什么，但当这本书出版后的5年或10年后，我会因为这件事情而收获什么。即使我个人没有收获但能因此成就一些人，这本身就是一种很有意义的收获。但行好事，莫问得失。在一件事情中你到底是亏了还是赚了，这只是每个人所看见的维度不同，对同一件事情所得到的判断和看法也就不一样。

才高者厚褒奖，德高者居高位

问：人才要具备怎样的条件才能被重用，或者说优先提拔？

在行动成功的管理实践中，对人才的提拔有两句话："才高者厚褒奖，德高者居高位"。

也就是说，如果你很有才、业绩很优秀，那你将会得到丰厚的奖金和财富上的回报，但如果你并未因此而获得晋升，那么你要考虑自己"德"的这一部分是不是具备了。怎样才算有"德"呢？比如，你是不是能做到先公后私、是不是可以先人后己、心中有没有常怀利他之心？平时愿不愿意热心帮助后进的同事？如果不但没有，反而遇事还斤斤计较，吃不得一点小亏。那又怎么能委以重任呢？所以说，对于想被提拔的管理者来说，你业绩好是一回事，品格和人格上是否过关又是另一回事。

问：假如一个优秀的人才觉得外面的平台更好，因此想要离职，您是支持他的选择？还是会尽力挽留？

优秀的员工当然要挽留了。留不留得住是一回事，有没有去留是另一回事——并且，当管理者对一个要走的优秀员工未加挽留便准其辞职，这本身既是失职，也是对人才的不尊重。

问：管理者怎样用好专业经验比自己丰富、年龄和司龄又比自己长的老员工？

首先是给予尊重。遇事多倾听、多请教老员工，让他感受到你把他放在部门顾问的位置上，这样才能让老员工和自己、和团队和谐相处。因为只要老员工的行为并不出格、思想没滑坡，那他依然是团队中力量贡献的核心骨干。这时候，你们多元化的沟通方式就很重要，尽量少在会议室里，如果条件允许，可以去他家或者请他去你家做客。这样，你就了解了他的心理，他也知道你的底限——当你让他感受到你在给予他尊重，反过来他也会更加配合你的工作。

其实老员工只是“老”，又不傻，老员工动力的开关按钮并不难找。他们有很丰富的经验和资源，并不会刻意通过刁难你去显威风，人在职场中都是需要相互支持的，那意味着他不仅失去了你的支持，也是在跟自己的业绩和收入过不去。

最后就是，作为领导人你要有人格魅力，当他接受你的管理能力，自然就愿意为你所用。反过来讲，谁会喜欢去听命一个专业能力不如自己、管理能力又不合格的领导人呢？

问：带领 10 人的团队和领导 100 个人，在管理上都有什么不同之处？

你带 10 个人时会具体管到每一个伙伴，所以你的角色是管理者；而当你带领 100 个人时，你真正要管好的是各带 10 个伙伴的 10 名总监。这时的你已经从管理者上升为领导者。

因为你是在通过领导 10 个总监来管理这 100 个伙伴，换句话说，如果有一个总监不服你，很可能连他下面的 10 个伙伴也会不认同你。因此，你上任后需要做好的第一件事情，就是对管理层的选拔和培养，打造一支强有力的班底这支班底的水平高低，将直接决定底下小伙伴的能力优劣。

然后就是打造这 100 人的大团队文化。因为当人越多的时候，你的管理并不是依靠制度而是通过文化的影响来实现。制度只能用来震慑和处罚那些已经违反公司规定的员工，但只有无形的文化才能随时聚拢人心，从而提升团队战斗力。所以，领导者要花大精力和管理层一起去设计团队的整个文化体系，并通过一系列方式包括晨夕会、读书会、周会月会、团队训练等去评估和落实团队文化。

另外，在工作中职位越高的人其实越不“自由”，领导者比管理者更加不能随心所欲。因为你每天要思考的是这个领导岗位上应该做好的事情，而非你个人喜欢的事情。这时的你已经不再属于你，而是属于所有人，你的每一个决策都可能影响整个团队的士气、业绩和人心归属。

问：如果一个员工认可公司，但不认可他的上级而要求更换团队。应该支持他这个想法吗？

视情况而定吧。原则上不鼓励，但也不一杆子否定。

如果确实只是对上级的一些管理方式不认同、不理解，那优先调解无疑是最佳选择。如果通过沟通能让彼此都看到自己的盲点和认知上的不足，经过“不打不相识”，双方重新握手共事，这不是再好不过吗？

每个当下都活在去成就他人的时刻

问：您觉得什么样的员工才能遇到贵人的赏识和提拔？请用一句话来形容。

有理想、为人正、好学习、懂感恩。

问：作为“85后”职场女性中的佼佼者，您认为对于职场女性而言，怎样才算成功？

那得看每个女生的职业追求，以及对自己工作和家庭两方面的平衡度。

有时候，我们可以全力去追求工作乃至事业上的巅峰，但有时候有些情况并不允许我们像之前那样的投入，那就要分摊一些时间给家人，不能顾此失彼。而且，对绝大多数的职场女性而言，最终还是要兼顾到工作和家庭平衡的。

问：郝总认为现在的自己够成功了吗？您对于成功又是如何定义的？

远远谈不上成功二字，只不过取得了一点小成绩。

我觉得成功是一个动词，一个成功的人生应该是一种在不断追求成功的路途中，而这永无止境。永远没有哪一刻能说自己成功了，我也不喜欢给自己定义这样的成功时刻。因为还有明天——并非我们不知足，正是因为我们珍惜当下，所以才让自己一直奋斗向前。

每个当下都活在去成就他人的时刻，这就是我最想要的生命状态。

问：最后，对已经和即将步入社会的小青年们，您还有什么给予他们的叮嘱或赠言吗？

就跟我在前面所讲的一样，首先要选对行业，在开始进入选择的那一刻就要拼尽全力，用尽 100%、120% 的专注力选对并认准，而非到了努力阶段才开始拼尽全力。

接下来，就是这颗心要像海底的石头一样牢牢地沉淀下来，几年之内雷打不动——专注把当下的工作做好，对自己每一个已做出的选择负责——那你就一定能在同期进入的员工中出彩，从而又让你获得一个又一个更大的机会。然后，就是沉淀、出彩、获得机会的循环直至笑到最后。

上海这座城市真的不缺机会，永远都不要说自己怀才不遇，这个说法是不存在的！只是你有没有做好准备？但你的准备要从哪里开始做好？就是从进入职场后的第一次职业选择开始，选对、专注然后就是沉淀，就一定会有成果出来！就像石油打井一样，踩准前面的几个环节一定能打出油来，很多人欠缺的不是打井的机会，也不是能力，而恰恰是一颗持之以恒的匠心！在刚挖了几米以后就半途而废，这是最让人感到痛心和可惜的——每个人都是先有脱胎换骨，才有脱颖而出。

后 记

一个人此生所能收获到的最大幸福，便是永远活在成就他人的时刻。

这是在步入教育行业之初，我的老师告诫与勉励我们的话语——也正是这一番话，让我最终义无反顾地走上了以教育为终生事业的坚定道路。

是的，每个人若都能明白自己为何而活，从此便可以承受任何生活。

这是我对未来的选择，也是我对自己的许诺——也正如本书中的每一位主人公，以及所有那些活得通透的人：他们当下的行业便是今生所选的最后一个行业，他们当下的事业便是此生承诺的最后一项事业。

慎选我爱，深爱我选，一朝选定，风雨兼程。

而能做出人生这一重大抉择的首要前提，便是这最为紧要的四个字：活得明白。

“乱花渐欲迷人眼”的信息时代，人的一生无论是过得平凡，还是活得伟大，无时无刻都在面对着各式各样的选择，小到吃饭睡觉，大到立业成家——当人们眼前面临的选项太多时，就意味着我们前行路上所遇到的诱惑与干扰也就越多！而当混杂于人性光辉中那颗为利所驱的功名之心、贪婪之心与虚荣之心，迎面扑来那无数条真假难辨的资讯、扑朔迷离的机会以及似是而非的鸡汤，便会产生各式各样的困惑迷茫，轻则使人误入歧途，重则让人怀疑人生——身在局中，每一次的诱惑都在考验着我们的智慧，每一分干扰都在挑战着我们的定力。

红尘如网，环环相连，当一个人在迷失的道路上积重难返时，剩下的光阴便只能望志蹉叹。

奋斗的人生如同探险，成功并没有捷径可言！弯路，固然是一个人成长中不可或缺的宝贵经验，我们亦深信决心改变的人在任何时刻都不会晚，但每个人一生中最弥足珍贵的光阴就是青春那几年的黄金年华！当年龄越大，很可能梦想也会变得越小。并不是每一支花都能如莲花一般出淤泥而不染，也不是每一个人都能像哥伦布那样遇风暴而生还——更何况，有时候的一次转身，便是一个轮回。

那么，我们究竟要怎样才能把生活过得明白，把生活过得通透？最关键的一点便是本文开头的第一句话：有没有想清楚我们到底为何而活？而要搞懂这个答案的关键，又要回到那最朴实无华的“灵魂三问”之中，即：我到底是谁、我如何走到今天、我的未来又将奔向何方。

这，便是对“有志不在年高，无志空活百岁”最好的理解与诠释。

无论是逆境下的失意，还是顺境时的得意，都如一面镜子般照射出每个人内在的品质，一如面对今年突如其来的疫情危机，坚守岗位者有之，逆行奉献者有之，恐慌造谣者有之，借国难牟私利者亦有之……

安得广厦千万间，大庇天下寒士俱欢颜，风雨不动安如山。

作为一名师者，此生最大的心愿莫过于可以相助每一位心中有梦的年轻人，在他们收获事业成功的路上、在他们拥有正向三观的路上、在他们成为国家栋梁的路上，尽我所知，用我所能，帮助他们好人好梦，好梦终圆。

但是，这谈何容易？

在滚滚红尘的无尽诱惑面前、在人心浮躁的物欲横流面前，甚至是我们自身业力的巨大惯性面前，一个人心底深处那微弱声音的呐喊有时候却显得微不足道！我们心中的火苗如何才得以生生不息？又如何能在逆风之中练就起舞飞扬的前进力量？

也因此，榜样引领的力量在任何时代都是可贵且必需的，尤其在当今各行业都超常激烈的竞争环境中，除去那极少数含着“金钥匙”出生与长大的人，绝大部分的青年人不得不去奋斗——啃老者终将自食其果，巨婴者终将悔恨无及，佛系者终将蹉跎长叹——有志者需当有恒，有恒者先要有心，信息时代的日新月异，也在迫使人才不断地超越自我方能与时俱进。

本书自 2019 年 3 月正式开稿，至 2020 年 11 月初全文初步结稿，前后历时 19 个月的潜心著作，一章一节，一字一键，终有 20 万余字的初稿呈现！此后，为求严谨，又历经六次精简与修正，直至定稿时的 16 万字——有时候，我觉得作品就像一个人的内心独白，孤身写作的感觉是不可言说的。在这个过程中，你需要一再地将身心频道调至“涌流状态”，完全将自己置身于每一位主人公的当前场景之中，这意味着写作人必须全神贯注、干净彻底地排除一切外界的诱惑、事物的干扰以及自我的杂念——每每写完一篇，方才惊觉后背已湿，此时的大脑更是被透支到一片空白。

而使我倍感欣慰的，是在本书从构思、创作与成书的过程中，得到了许多良师益友的认同和积极响应，尤其是作为本书采访对象的五位主人公，他们的大爱支持给我以莫大的动力和鼓舞！

在他们身上，曾经一次次遭遇来自社会的不公、他人的嘲笑、对手的打击甚至是身边人的无情背叛——那些时刻，我深深感受到他们内心中也曾有过的无助、失落、悲愤与创伤——但是，他们最为可敬的品质便在于他们永不怨天尤人，更不曾自暴自弃！他们咬定青山不放松，以常人难以想象的坚韧不拔，终将“使我痛苦者，亦必使我更强大”的理想信念化为现实！

更为难能可贵的是，即便在已经功成名就的今天，在这些主人公身上仍然葆有那种对待工作的认真、对待生活的热诚、对待自我的自律、对待他人乃至这个社会的一颗拳拳赤子之心，都令闻者不由得肃然起敬。

鸣　谢

知恩于心，感恩于行，报恩于众，传恩一生。

两年前，当我在北京初次见到陈龙海、罗时迁老师时，并没有想到这本《奋进者》的创作种子会在那时候便已悄然播下。

坦率地说，在第一次跟华韵大成策划团队和中华工商联合出版社合作《职场精进》之初一度还曾有过顾虑，但在见面之后，一切便都化为云烟——他们做事的专业、处事的认真以及遇事的平和，都让人由衷地感到放心、省心与舒心，于是这第二本书的再度携手便是如此顺理成章。

因此，我首先要合掌感恩华韵大成策划团队以及本书的责任编辑，正是在他们最早的启发、信任与鼎力支持之下，才终有本书今天的顺利问世。

人世间没有白白走过的路，也更不会有无缘无故的失败或胜利。

而当一个人在获得成功的那一刻，首先想做的不是庆祝、喜悦，而是无声的泪水滚滚而出，那一定是在他们走向胜利的过程中经受了难以言说的艰辛与酸楚。

这也正是本书五位主人公真实的人生写照，他们内心的丰盛与坚毅并非与生俱有，而是在“善对穷达志不改，渡尽劫波初心在”的生活磨砺中修炼得来！你越是走近他们，越会看到他们向上向善的奋斗历程，就越能感受他们身上独特的人格魅力。

所以，请允许我虔诚地向这些愿意为后来者的快速成长而去倾力分享自己毕生所积的知识经验、处事方法以及人生感悟的主人公们躬身致谢（以下排名不分先后）：

上海莱仪堂生物科技有限公司	董事长	秦桂枝
杭州畅众环保科技有限公司	董事长	郭连涛
新疆疆来餐饮文化管理有限公司	董事长	周　颖
上海雄达国际物流有限公司	董事长	廖雪峰
上海行动教育科技股份有限公司	总经理	郝珊丽

以及，慨然允诺为本书亲作推荐评语的多位贵人良师，他们的人生早已功成名就，却都慷慨愿为同一部作品与读者结下善缘！我与他们或相识许久，或尚未谋面，但他们这份深刻于心的古道热肠、深情大爱，都让我一再地心生感激与敬意（以下排名不分先后）：

行动教育集团董事长	李　践
钻石小鸟创始人	徐　潇
《创业人物访谈》总制片人	董　豪
微盟集团联合创始人、执行董事	方桐舒
浙江省建筑装饰行业协会会长	贾华琴
亚泰财富集团常务副总裁	唐志雨
上海市浦东新区人力资源工作协会秘书长	朱　莹

这世间需要英雄，却没有从天而降的英雄，只有挺身而出的平凡人——他们的身影或许平凡，但那颗助人为善的心却是如此闪耀光亮。

在本书成稿采访、创作以及反复多次取材求证的过程中，就有许多在背后默默为本书奉献与付出的英雄！正是在他们不厌其烦地暖心协助下，才使我得以完整、及时并客观地了解到每一位受访主人公的人生历程。谨此一并致谢：

上海莱仪堂生物科技有限公司：董事长助理徐丹、产品部经理徐红；杭州畅众环保科技有限公司：副总经理谭光俊、新媒体部经理王耀磊；新疆疆来餐饮文化管理有限公司：副总经理周占强、品宣部总监徐乾云、培训部经理刘泽宇；上海雄达国际物流有限公司：副总经理仇多海、营销部经理陶梦宁、财务部经理徐华；廖雪峰董事长的爱人：胡国蓉，郝珊丽老师的爱人：任福贵。

阅读可以养气，气盈则神清，神清则心明，心明而智慧生。

落笔之前，我还想对所有在未来与本书结缘的新老读者朋友表达一声由衷的感谢：真诚感谢你们在众多的职场读物中选择了本书！这是一份极其珍贵的信任和缘份，真心期望当你阅读至此，能因本书而受益！这也是每一位作者最大的心愿期许——人这一生中最珍贵的，除了信任，莫过于时间了，没有让他人因自己而虚度大好光阴，便是为这个社会更美好的明天尽一分绵力。

篇幅所限，本书所应鸣谢的良师挚友未能一一尽述，盼请谅解；此外，若书中有因作者才识所限而致的疏漏或错误之处，亦请读者朋友们海涵，也欢迎大家通过扉页中的联系邮箱给予指正。

教学相长，所遇皆师。书不尽言，惟心同勉。

乔思远

2021年2月2日

上海·松江大学城